Presentación

La serie *Aprende gramática y vocabulario* presenta al estudiante de español todos los temas de gramática explicados de forma muy clara y con la práctica correspondiente para conseguir su asimilación.

Se trata de una serie de libros de teoría y práctica que se inscriben dentro de las directrices del *Marco común europeo de referencia*. Sus cuatro tomos, cuidadosamente graduados, corresponden a los niveles de referencia A1, A2, B1 (1), B1 (2). La idea que subyace en la obra que presentamos es que la competencia gramatical resulta indispensable para lograr la competencia comunicativa, es decir, para que los usuarios del español sean capaces de comunicarse en contextos socialmente significativos. Por tanto, el fin principal que se persigue es ayudar a los estudiantes de español a conseguir una buena base gramatical y léxica que les permita desenvolverse en diferentes situaciones de comunicación.

Aprende gramática y vocabulario 2 se compone de 35 temas de gramática y 15 de vocabulario, y presenta la materia necesaria para alcanzar los objetivos descritos en el *Marco común europeo de referencia* para el nivel A2.

Cada unidad de la parte de **Gramática** está estructurada en varias secciones:

Situaciones: Se describen con un lenguaje claro y accesible las funciones esenciales de la estructura y se ejemplifican con el fin de proporcionar al estudiante claves de uso de la estructura.

Hay, además, una tarea de reconocimiento de la situación con el ejemplo, a fin de estimular la búsqueda del significado de las formas.

¿Cómo es?: Se presentan los paradigmas lingüísticos de forma clara y estructurada, para facilitar su asimilación y consulta.

Práctica: Las actividades se presentan escalonadas metodológicamente, de tal manera que las primeras se centran en el reconocimiento y la práctica de la forma, y las últimas llevan al alumno a la producción lingüística en contextos cada vez más amplios, a medida que progresa el aprendizaje.

La parte de **Vocabulario** consta de una primera actividad que sirve de presentación y reconocimiento del léxico concreto de un campo, presentado en contexto, seguido de actividades variadas para lograr la asimilación de las palabras.

Por último, se incluye una tabla con los verbos regulares e irregulares más frecuentes y la clave de las actividades.

Aprende gramática y vocabulario puede utilizarse como material complementario para la clase o para el autoaprendizaje, ya que la inclusión de la clave de las actividades al final de los libros permitirá al estudiante comprobar su propio aprendizaje.

LAS AUTORAS

Aprende gramática y vocabulario 2

Francisca Castro Viúdez

Pilar Díaz Ballesteros

 SOCIEDAD GENERAL ESPAÑOLA DE LIBRERÍA, S. A.

Primera edición, 2005
Segunda edición, 2006

Produce SGEL – Educación
Avda. Valdelaparra, 29
28108 Alcobendas (Madrid)

ISBN: 84-9778-118-X
Depósito legal: M. 19.789-2007
Printed in Spain – Impreso en España

Diseño de cubierta: Cadigrafía, S. L.
Diseño y maquetación: Paula Álvarez Rubiera
Ilustraciones: Javier Carbajo

Impresión: Closas-Orcoyen, S. L.
Encuadernación: Taograf, S. L.

Contenido

VOCABULARIO 121

VERBOS 157

CLAVE 173

Gramática

1. Me encanta el sol.
Verbos como gustar

Situaciones

► Hay muchos verbos que se suelen utilizar, al igual que *gustar*, con los pronombres *me, te, le, nos, os, les*: *parecer, molestar, encantar, quedar* (bien o mal algo a alguien), *caer* (bien o mal alguien a otro), etc.

a) *¿Qué **te parece** el coche que me he comprado?*

b) *Señora, ¿cómo **le quedan** los pantalones? (A Vd.)*

c) *¿Qué te pasa?, **¿te duele** la cabeza? (A ti)*

d) *A ella no **le caen** bien los vecinos del quinto.*

■ Relaciona las frases con los dibujos.

1. | b |

2. | |

3. | |

4. | |

¿Cómo es?

(a mí) me		
(a ti) te	encant**a**	viajar
(a él, ella, Vd.) le		el chocolate
(a nosotros, -as) nos		los libros
(a vosotros, -as) os	encant**an**	las películas
(a ellos, -as, Vdes.) les		

A **Completa con el verbo _parecer_.**

1. A mí este piso _me parece_ caro.

2. ¿A ti qué ___ _____ este coche?

3. ¿A tu marido qué ___ _____ la casa que se han comprado los Martínez?

4. A nosotros ___ _____ mal las obras de la autopista.

5. ¿A vosotros ___ _____ eficaz este gobierno?

6. A ellos no ___ _____ bastante buenos los mariscos.

B **Subraya el pronombre adecuado.**

1. ¿Qué _te / le_ pasa a María? Parece enfadada.

2. A nosotros _nos / os_ molesta mucho la tele de los vecinos.

3. A. Carmen, ¿cómo _me / le_ queda esta falda? ¿Me la compro?

   B. Bueno, yo creo que no _me / te_ queda mal. Cómpratela.

4. Fernando, ¿qué _te / me_ parece mi nueva moto?

5. A ellos no _nos / les_ cae bien el novio de su hija.

6. ¿_Te / Le_ molesta el tabaco, señor Martínez?

7. ¿_Os / Nos_ gustan las patatas fritas, niños?

8. A. Cariño, ¿_te / le_ pasa algo?

   B. No, no _le / me_ pasa nada.

9. A mi padre _me / le_ molestan mucho los ruidos de la calle.

10. A. ¿A vosotros qué _les / os_ parecen los pisos que están haciendo?

    B. Bien, son bonitos, pero muy caros, ¿no?

11. A Andrés todos los días _te / le_ duele la cabeza.

12. Si a Vdes. _les / le_ molesta el aire acondicionado, podemos quitarlo.

C **Forma frases.**

1. A ella / no caer bien / Roberto. _A ella no le cae bien Roberto._

2. A nosotros / parecer bien / tu compra. _____.

3. A mí / doler / estómago. _____.

4. A Luisa / quedar mal / faldas largas. _____.

5. A Miguel / molestar / vecinos. _____.

6. A ellas / encantar / bailar y cantar. _____.

7. A Rosa / no pasar / nada. _____.

8. ¿A ti / caer bien / novio de Ana? _____.

9. ¿A ti / parecer bien / este gobierno? _____.

10. ¿A Vd. / caer bien / directora del banco? _____.

11. ¿A vosotros / caer bien / nuevo jefe de departamento? _____.

12. ¿A Vdes. / pasar / algo? _____.

13. A nosotros / no molestar / ruido. _____.

14. A ella / molestar / todo. _____.

D **Forma frases tomando un elemento de cada columna.**

		gustan	leer
		encanta	los vaqueros
A mí	le	quedan mal	la profesora de inglés
A Roberto	me	queda bien	las personas egoístas
A ellos	les	cae bien	las matemáticas
		caen mal	la camisa azul

1. *A mí me encanta leer.*

2. _____ .

3. _____ .

4. _____ .

5. _____ .

6. _____ .

E **Ordena las frases.**

1. los / me / No / nada / gustan / animales — *No me gustan nada los animales.*

2. No / bien / cae / nueva / la / directora / me — No _____.

3. ¿reforma / bien / parece / Te / la / museo / del? — ¿Te _____?

4. pantalones / te / mal / quedan / muy / Esos — _____.

5. No / bien / queda / esa / le / chaqueta — _____.

6. verduras / hijos / no / gustan / les / nada /
   A / hijos / mis / las — _____.

7. pescado / encanta / Pepa / A / le / el — _____.

8. fútbol / españoles / encanta / el / les / los / A — _____.

9. reforma / Roberto / Constitución / la / parece /
   de / bien / A / la / le — _____.

10. nosotros / mucho / gustan / A / tradicionales /
    nos / fiestas / las — _____.

F Completa las siguientes conversaciones con el verbo *gustar* y el pronombre adecuado.

A. Hola, estamos haciendo una encuesta sobre los gustos de los ciudadanos. ¿Tienes unos minutos?

B. Bueno, si no es mucho tiempo.

A. No. A ver, ¿*te gusta* ⁽¹⁾ leer?

B. No mucho, un poco.

A. ¿Qué tipo de lectura _____ _____ ⁽²⁾?

B. Pues _____ _____ ⁽³⁾ especialmente los libros de fantasía, como

El señor de los anillos.

A. ¿_____ _____ ⁽⁴⁾ los deportes?

B. Sí, mucho. El que más _____ _____ ⁽⁵⁾ es el baloncesto.

A. Muy bien. Y para salir, ¿adónde vas los fines de semana?

B. Pues, hago muchas cosas. _____ _____ ⁽⁶⁾ andar por la montaña, también jugar al baloncesto,

y por las tardes, voy al cine o a tomar unas copas con los amigos. _____ _____ ⁽⁷⁾ mucho las

películas de acción.

A. Hola, estamos haciendo una encuesta sobre los gustos de los ciudadanos. ¿Tiene unos minutos?

B. Tengo prisa, pero, a ver...

A. ¿A Vd. _____ _____ ⁽⁸⁾ leer?

B. Sí, claro, _____ _____ ⁽⁹⁾ mucho, pero no tengo tiempo.

A. ¿Qué tipos de libros _____ _____ ⁽¹⁰⁾?

B. Pues, casi todos, pero, especialmente, los libros de historia y biografías.

A. ¿Y _____ _____ ⁽¹¹⁾ los deportes?

B. No, no _____ _____ ⁽¹²⁾ ningún deporte.

A. ¿Y qué _____ _____ ⁽¹³⁾ hacer los fines de semana?

B. A mí _____ _____ ⁽¹⁴⁾ muchas cosas. Pero como tengo cinco hijos, no hago nada; mi mujer y

yo hacemos lo que _____ _____ ⁽¹⁵⁾ a ellos.

G Escribe una lista de cosas que te gustan a ti, cosas que le gustan a tu pareja, cosas que te molestan a ti y cosas que le molestan a tu pareja.

1. *A mí me gustan los gatos, la comida china y hablar con los amigos.*

2. A mí me molesta/n _____ .

3. A _____ le gusta/n _____ .

4. A _____ le molesta/n _____ .

2. Me he encontrado con Paco en el cine.
Verbos con pronombres reflexivos

Situaciones

▶ Se utilizan los pronombres reflexivos *me*, *te*, *se*, *nos*, *os*, *se*:

a) Con verbos como *ducharse*, *peinarse*, *lavarse*, en los que el sujeto y el objeto es el mismo:
Roberto no se afeita todos los días.

b) Con verbos como *quedarse*, *casarse*, *llamarse*, *divorciarse*:
Eva no se lleva bien con su hermana.

▶ Muchos verbos cambian de significado si se utilizan con pronombre reflexivo o sin él.

Quedarse: *Ayer me quedé en casa, no salí.*

Quedar (con alguien para hacer algo): *Ayer quedé con María para ir al cine.*

■ Relaciona cada frase con su situación:

1. *Hoy Lucía lleva un vestido muy original.*   <u>a</u>
2. *Me gusta este vestido, me lo llevo.*   _____
3. *Lucía ha puesto el vestido en el armario.*   _____
4. *Lucía se pone el vestido nuevo para salir.*   _____

¿Cómo es?

Sin pronombre	Con pronombre
Llevar (algo o a alguien a otro lugar)	Llevarse (algo consigo) / llevarse (bien o mal)
Encontrar (algo o a alguien)	Encontrarse (con alguien)
Poner (algo en un lugar)	Ponerse (ropa) / ponerse (nervioso, etc.)
Quedar (con alguien para algo)	Quedarse (en un lugar) / quedarse sin algo

Práctica

A Subraya la forma correcta.

1. A. ¿Adónde vas? B. Al teatro. *Me he quedado* / <u>*He quedado*</u> con Javier a las siete en la puerta.
2. ¿Puedo *llevarme* / *llevar* tu paraguas? El mío lo he perdido.
3. ¿Cuándo vas a *llevar* / *llevarte* a los niños al zoo?
4. Hoy voy a *poner* / *ponerme* el abrigo nuevo.
5. Mamá, ¿dónde *me pongo* / *pongo* estos libros?
6. A. ¿Has hablado con Paloma? B. Sí, *nos hemos quedado* / *hemos quedado* para mañana a las cuatro.
7. A. ¿Qué tal el fin de semana? B. Nada especial, *nos hemos quedado* / *hemos quedado* en casa.
8. A. ¿Qué te pasa? B. Estoy buscando mis gafas y no *me las encuentro* / *las encuentro*.
9. Mi hijo siempre *pone* / *se pone* muy nervioso cuando tiene que tocar el piano en público.
10. A. ¿Sabes a quién *me encontré* / *encontré* ayer? B. No. A. Pues a Ernesto.
11. ¿Sabes que Roberto y Lucía se han separado? Es que *llevaban* / *se llevaban* fatal.
12. A. ¿Dónde está mi diccionario? B. *Lo ha llevado* / *Se lo ha llevado* Federico.
13. A. ¿Qué *llevas* / *te llevas* en la mochila? B. Pues un montón de libros y cuadernos.
14. ¿Qué vas a *ponerte* / *poner* para la boda de Luis?

B Completa con los verbos del recuadro.

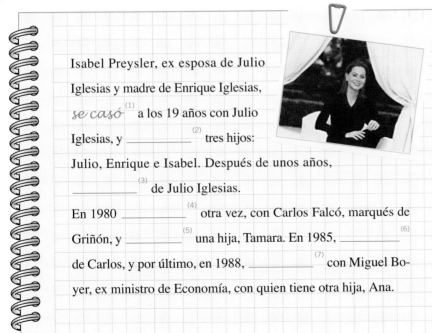

Isabel Preysler, ex esposa de Julio Iglesias y madre de Enrique Iglesias, *se casó*⁽¹⁾ a los 19 años con Julio Iglesias, y _____⁽²⁾ tres hijos: Julio, Enrique e Isabel. Después de unos años, _____⁽³⁾ de Julio Iglesias.

En 1980 _____⁽⁴⁾ otra vez, con Carlos Falcó, marqués de Griñón, y _____⁽⁵⁾ una hija, Tamara. En 1985, _____⁽⁶⁾ de Carlos, y por último, en 1988, _____⁽⁷⁾ con Miguel Boyer, ex ministro de Economía, con quien tiene otra hija, Ana.

casarse

divorciarse

tener

3. *Hace cien años no había Internet.*
Pretérito imperfecto

Situaciones

► El pretérito imperfecto se usa para expresar:

a) Hábitos en el pasado:

*Yo antes **jugaba** al tenis, pero ahora no.*

b) Descripciones en el pasado:

***Hacía** mucho frío y no **había** nadie en la calle.*

c) Las circunstancias y las causas de acciones pasadas:

*Anoche llegué tarde a casa porque **había** un buen atasco en la carretera.*

pero:

Anoche llegué tarde a casa porque me quedé un rato más con ellos.

d) Acción en desarrollo en el pasado:

*Hoy, cuando **venía** de trabajar, me he encontrado con Jorge en el metro.*

■ Completa el texto con los verbos:

> jugaba   tenía   eran   había (2)

Cuando yo tenía [1] 10 años todos los días al salir del colegio _____ [2] con mis amigos en la plaza del pueblo. En las calles casi no _____ [3] coches y las casas _____ [4] bajas, no _____ [5] tantos bloques de pisos como ahora.

¿Cómo es?

	Regulares			Irregulares		
	trabajar	beber	vivir	ser	ir	ver
yo	trabaj **-aba**	beb **-ía**	viv **-ía**	era	iba	veía
tú	trabaj **-abas**	beb **-ías**	viv **-ías**	eras	ibas	veías
él, ella, Vd.	trabaj **-aba**	beb **-ía**	viv **-ía**	era	iba	veía
nosotros, -as	trabaj **-ábamos**	beb **-íamos**	viv **-íamos**	éramos	íbamos	veíamos
vosotros, -as	trabaj **-abais**	beb **-íais**	viv **-íais**	erais	ibais	veíais
ellos, ellas, Vdes.	trabaj **-aban**	beb **-ían**	viv **-ían**	eran	iban	veían

Práctica

A **Completa las frases con un verbo del recuadro en pretérito imperfecto.**

| salir | ser (3) | ver | gustar | tener |
| estudiar | estar | hacer | jugar |

1. Carlos y yo antes *salíamos* todos los sábados, pero ahora no podemos, tenemos un bebé.

2. Elena cuando _____ en la Universidad _____ campeona de atletismo.

3. Mi abuelo _____ una tienda de comestibles en el pueblo.

4. A mí antes me _____ la música pop, pero ahora no me gusta nada.

5. Mientras Luis _____ el partido de fútbol en la tele, el niño _____ con sus cochecitos.

6. Antes, Roberto y Ana todos los veranos _____ un viajecito por Europa.

7. Óscar _____ un niño muy tranquilo, en cambio Adela _____ como un terremoto, nunca _____ quieta.

B *Antes y ahora.* **Explica qué hacían antes y qué hacen ahora. Utiliza la ayuda.**

1. Escribir a máquina / escribir con ordenador / mandar cartas / mandar correos electrónicos / pegar sellos.

2. Beber alcohol / comer comida rápida / (no) hacer deporte / ver la tele / jugar al tenis.

3. Salir con los amigos / ir al cine / hacer viajes / tocar el piano / cambiar pañales / dar de comer al niño / ir al pediatra.

1. Celia es secretaria. Hace 15 años no tenía ordenador, así que _____
_____ , pero ahora
_____ .

2. Fernando tiene 30 años y ahora está bien, pero hace dos años su vida era muy distinta,
_____ , pero ahora
_____ .

3. Silvia y Andrés acaban de ser padres. Antes de eso _____
_____ , pero ahora
_____ .

4. *Cervantes nació en Alcalá de Henares.*
Pretérito indefinido

Situaciones

► El pretérito indefinido se usa para hablar de:

a) Una acción acabada en un momento determinado del pasado:
*Roberto **salió** ayer de viaje.*

b) Una acción que ocupó un periodo de
tiempo que ya ha terminado:
*Yo **trabajé** en esa empresa desde 2001
hasta 2003.*

c) Con los marcadores temporales *ayer, la
semana pasada, el año pasado, en marzo,
en 1492, hace tres días,* etc.
*Hace tres días **murió** una compañera mía
de trabajo.*

Miguel de Cervantes escribió El Quijote.

¿Cómo es?

Regulares.

	trabajar	**beber**	**salir**
yo	trabaj **-é**	beb **-í**	sal **-í**
tú	trabaj **-aste**	beb **-iste**	sal **-iste**
él, ella, Vd.	trabaj **-ó**	beb **-ió**	sal **-ió**
nosotros, -as	trabaj **-amos**	beb **-imos**	sal **-imos**
vosotros, -as	trabaj **-asteis**	beb **-isteis**	sal **-isteis**
ellos, ellas, Vdes.	trabaj **-aron**	beb **-ieron**	sal **-ieron**

Irregulares.

a) Verbos que tienen el acento fónico en la raíz.

decir	estar	hacer	poder	poner	querer	tener	venir
dije	estuve	hice	pude	puse	quise	tuve	vine
dijiste	estuviste	hiciste	pudiste	pusiste	quisiste	tuviste	viniste
dijo	estuvo	hizo	pudo	puso	quiso	tuvo	vino
dijimos	estuvimos	hicimos	pudimos	pusimos	quisimos	tuvimos	vinimos
dijisteis	estuvisteis	hicisteis	pudisteis	pusisteis	quisisteis	tuvisteis	vinisteis
dijeron	estuvieron	hicieron	pudieron	pusieron	quisieron	tuvieron	vinieron

b) Verbos irregulares en la tercera persona del singular y el plural.

leer	construir	caer	pedir	sentir	dormir
leí	construí	caí	pedí	sentí	dormí
leíste	construiste	caíste	pediste	sentiste	dormiste
leyó	**construyó**	**cayó**	**pidió**	**sintió**	**durmió**
leímos	construimos	caímos	pedimos	sentimos	dormimos
leísteis	construisteis	caísteis	pedisteis	sentisteis	dormisteis
leyeron	**construyeron**	**cayeron**	**pidieron**	**sintieron**	**durmieron**

c) Verbos con modificación ortográfica.

explicar	c → qu	expli**qué**, explicaste, explicó…
llegar	g → gu	lle**gué**, llegaste…
empezar	z → c	emp**ecé**, empezaste, empezó…

d) Otros verbos irregulares.

dar	di, diste, dio, dimos, disteis, dieron
ir	fui, fuiste, fue, fuimos, fuisteis, fueron
ser	fui, fuiste, fue, fuimos, fuisteis, fueron

A Completa con el pretérito indefinido.

	yo	él / ella / Vd.	ellos / ellas / Vdes.
1. poder	*pude*		
2. decir		*dijo*	
3. estar			*estuvieron*
4. poner			
5. tener			
6. pedir			
7. hacer			
8. querer			
9. leer			
10. dormir			

B Haz los crucigramas con las formas correspondientes.

A. Horizontales: 1. Cruzar, yo / 2. Explicar, yo / 3. Buscar, él.

   Verticales: 1. Llegar, yo. / 2. Buscar, yo.

B. Horizontales: 1. Llegar, ellos / 2. Acercar, yo. / 3. Pegar, yo.

   Verticales: 1. Empezar, yo. / 2. Aparcar, yo. / 3. Cruzar, él.

CRUCIGRAMA A.

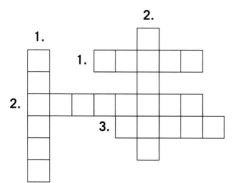

CRUCIGRAMA B.

C Completa las frases con el verbo entre paréntesis en pretérito indefinido.

1. Ayer *comí* en un restaurante chino con mis compañeros y mi jefe. (comer)

2. Hace tres años mi familia y yo _____ de vacaciones en Perú. (estar)

3. El sábado pasado no _____, me _____ en casa viendo la tele. (salir, quedar, yo)

4. ¿Dónde _____ Derecho? (estudiar, tú)

5. Rafa y Mayte _____ a la playa el fin de semana pasado. (ir)

6. A mis amigos no les _____ nada la última película de Almodóvar. (gustar)

7. El director de mi escuela _____ que el número de estudiantes había bajado. (decir)

8. Mi marido le _____ aumento de sueldo a su jefe, pero el jefe le _____ que este año no era posible. (pedir, contestar)

9. Luisa y Juanjo _____ a mi pueblo el verano pasado. (venir)

10. Ayer no _____ a clase porque _____ al médico. (venir, ir, yo)

11. En abril _____ a Pepe en la consulta del médico. (ver, nosotros)

12. Ayer no _____ el periódico. (leer, yo)

13. Los niños _____ las patatas fritas encima del sofá. (poner)

14. Nuestros amigos nos _____ a su boda, pero mi marido no _____ ir. (invitar, querer)

15. Ayer no _____ los deberes, _____ la tele. (hacer, ver, yo)

D Lola es ama de casa. Ayer hizo muchas cosas. Escribe debajo del dibujo la frase correspondiente. Utiliza las ayudas del recuadro.

limpiar la casa	hablar por teléfono	ir al gimnasio
recoger a los niños	~~llevar a los niños~~	ir al banco
comprar el pan	hacer la comida	planchar la ropa
ver la tele	comer sola	navegar por Internet

Cajero

1. *Lola llevó a los niños al colegio.*   2. _____ .

3. _____
   _____ .

4. _____
   _____ .

5. _____
   _____ .

6. _____
   _____ .

7. _____ .

8. _____ .

9. _____ .

10. _____ .

11. _____
    _____ .

12. _____
    _____ .

E Lee la biografía de Velázquez y escribe el verbo entre paréntesis en pretérito indefinido.

Diego Rodríguez de Silva y Velázquez es uno de los pintores más famosos del barroco español (siglo XVII). (nacer) *Nació* [(1)] en Sevilla, en 1599, y con once años (empezar) _____ [(2)] a pintar en el taller del profesor Francisco Pacheco. En 1619 (casarse) _____ [(3)] con la hija de su maestro. En 1622 (irse) _____ [(4)] a vivir a Madrid y (entrar) _____ [(5)] a trabajar en el Palacio de Felipe IV, que le (nombrar) _____ [(6)] pintor de Cámara. En el palacio (tener) _____ [(7)] la oportunidad de estudiar las pinturas del Rey y también allí (conocer) _____ [(8)] a Rubens, en 1628. En esa época (pintar) _____ [(9)] cuadros de historia, como *El conde duque de Olivares*, y obras mitológicas, como *Los borrachos*. En 1629 (hacer) _____ [(10)] un viaje a Italia. Allí (estudiar) _____ [(11)] la técnica veneciana y su obra más importante de este periodo (ser) _____ [(12)] *La fragua de Vulcano*. En 1631 (regresar) _____ [(13)] a Madrid y (pintar) _____ [(14)] muchos retratos, de la familia real y de gente popular. En su etapa final (mejorar) _____ [(15)] su obra considerablemente y de esta época destaca el cuadro *Las meninas* que se puede ver en el Museo del Prado de Madrid. (morir) _____ [(16)] en Madrid, en 1660.

F Formula las preguntas y responde.

1. Dónde / nacer / Velázquez.

   A. *¿Dónde nació Velázquez?*

   B. *En Sevilla.*

2. ¿Con / quién / casarse?

   A. _____ .

   B. _____ .

3. ¿En qué año / irse / a Madrid?

   A. _____ .

   B. _____ .

4. ¿Dónde / entrar / a trabajar?

   A. _____ .

   B. _____ .

5. ¿A quién / conocer / en 1628?

   A. _____ .

   B. _____ .

6. ¿Cuándo / regresar / de Italia?

   A. _____ .

   B. _____ .

7. ¿En qué año / morir / Velázquez?

   A. _____ .

   B. _____ .

5. ¿Has visto a Eduardo?
Pretérito perfecto

Situaciones

▶ El pretérito perfecto se usa para hablar de acciones acabadas recientemente y con marcadores temporales como *hoy, esta semana, este año, últimamente.*
*Hoy **he ido** al aeropuerto a recoger a David.*

▶ También se usa sin ningún marcador temporal para dar noticias y hablar de experiencias vitales.
*¿No lo sabes? **Han trasladado** la empresa de Emilio a otro país y se **ha quedado** sin trabajo.*
*Roberto **ha trabajado** mucho toda la vida.*

▶ Hablando de experiencias, se suele usar en preguntas y respuestas con marcadores como *alguna vez, dos / varias / muchas veces, nunca.*
*¿**Has trabajado** alguna vez de camarero?*
*Lucía **ha estado** dos veces en Kenia.*

¿Qué tal en la oficina?

He tenido un día horrible con mucho trabajo.

▶ Se utiliza el pretérito perfecto para hablar de la realización o no de una acción con los adverbios *ya* y *todavía no.*
A. *¿**Has llamado** ya por teléfono al restaurante?* B. *No, todavía no **he llamado**.*

¿Cómo es?

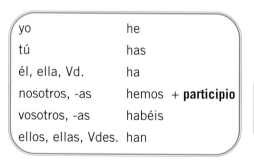

yo	he
tú	has
él, ella, Vd.	ha
nosotros, -as	hemos **+ participio**
vosotros, -as	habéis
ellos, ellas, Vdes.	han

Participio
hablar → habl**ado**
comer → com**ido**
salir → sal**ido**

Participios irregulares		
abrir → *abierto*	hacer → *hecho*	romper → *roto*
decir → *dicho*	morir → *muerto*	volver → *vuelto*
escribir → *escrito*	poner → *puesto*	ver → *visto*

A Escribe la letra correspondiente.

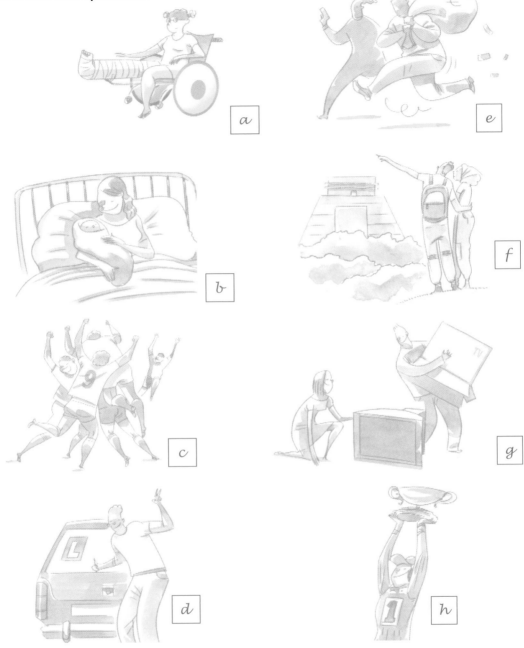

1. Olga se ha roto una pierna. _a_
2. Juan y Luisa han comprado una tele nueva. ___
3. Mi hermana ha tenido un niño. ___
4. Jorge se ha sacado el carné de conducir. ___

5. Pedro ha ganado la carrera. ___
6. Han robado un banco. ___
7. Han estado en México. ___
8. Ha marcado un gol. ___

B Completa con el pretérito perfecto.

	yo	él / ella / Vd.	nosotros
1. ser	*he sido*	*ha sido*	*hemos sido*
2. ver			
3. comer			
4. escribir			
5. recibir			
6. beber			
7. vivir			
8. volver			
9. abrir			
10. hacer			
11. estar			
12. decir			

C Escribe la forma correspondiente de los verbos entre paréntesis en el diario de Isabel.

Mi diario   *28 de abril*

Hoy (ser) *ha sido* (1) un día maravilloso. Por la mañana (tener) _____ (2) cuatro clases, matemáticas, lengua, historia y filosofía. Y a la hora del recreo, (ver) _____ (3) a Carlos: está guapísimo. Yo le (preguntar) _____ (4) por sus clases y él me (contestar) _____ (5) que no le van muy bien. Entonces yo le (decir) _____ (6) que, si quiere, puedo ayudarle. Él me (contestar) _____ (7) que sí, que necesita ayuda.

Así que por la tarde (ir, nosotros) _____ (8) a la biblioteca del instituto y (estudiar) _____ (9) juntos las matemáticas. Y, después, al salir, me (invitar) _____ (10) a tomar un café. Después del café él me (acompañar) _____ (11) en metro hasta mi casa. Todo (ser) _____ (12) muy romántico y (hablar, nosotros) _____ (13) mucho de nuestras cosas. Espero verlo mañana otra vez. ¡Qué guapo es!

D Formula las preguntas siguiendo el modelo.

1. Estar en México.   *¿Has estado en México alguna vez?*
2. Trabajar en un restaurante. ¿_____?
3. Bañarse de noche en la playa. ¿_____?
4. Escribir poesía. ¿_____?
5. Fumar. ¿_____?
6. Comer paella. ¿_____?
7. Perder las llaves. ¿_____?
8. Dormir en un parque. ¿_____?
9. Salir en la tele. ¿_____?
10. Ganar un premio. ¿_____?

E Completa las frases con uno de los verbos del recuadro.

ver (3)	~~estar~~	tener	escribir	jugar	leer	abrir	poner	ahorrar

1. A. ¿Dónde *has estado* estas vacaciones? B. En Marbella, en la playa, ¿y tú?
2. A. ¿_____ la última película de Trueba? B. No, todavía no la _____.
3. ¿Quién _____ la ventana? Hace mucho frío.
4. No sé dónde _____ mi diccionario. ¿Alguien lo _____?
5. Este año (nosotros) no _____ nada de dinero.
6. Este mes _____ tres libros de Manuel Vázquez Montalbán, me encanta.
7. Este novelista _____ muchos libros de aventuras.
8. ¿Sabes? Lucía y Rafa _____ un niño.
9. Este fin de semana nosotros _____ al tenis con nuestros amigos.

F Completa la conversación entre Laura y Julia sobre lo que han hecho hoy.

Laura: ¡Hola!

Julia: ¡Hola!, Laura. ¿Qué tal el día?

Laura: ¡Vaya!, regular, estoy agotada. No (parar) *he parado* [1] de trabajar. En la oficina (recibir) _____ [2] a cuatro clientes, (escribir) _____ [3] un montón de mensajes, (tener) _____ [4] tres reuniones, y sólo (comer) _____ [5] un bocadillo porque no (tener) _____ [6] tiempo de ir al restaurante.

Julia: ¡Vaya! Yo, en cambio, casi no (hacer) _____ [7] nada. Hoy no (venir) _____ [8] mi jefe, y los teléfonos (estar) _____ [9] tranquilos. Entonces (ordenar) _____ [10] los disquetes y un montón de papeles.

Laura: ¡Qué bien! ¿Sabes a quién (ver) _____ [11] al volver a casa?

Julia: ¿A quién?

Laura: A Alberto. Me (decir) _____ [12] que un día nos llamará.

Julia: Bueno…

6. ¿Cuál te gusta?
Interrogativos

Situaciones

▶ En español tenemos los interrogativos siguientes:

a) **Quién**, **quiénes**, para personas:

A. *¿Quién ha venido?* B. *Beatriz.* / A. *¿Quiénes son esos?* B. *Los hijos de mi vecina.*

b) **Qué**, para cosas:

A. *¿Qué te pasa?* B. *Estoy cansada.*

c) **Cuál**, para personas y cosas.

A. *¿Cuál prefieres?* B. *Este.* / A. *¿Cuál es tu hijo?* B. *El más alto.*

d) **Dónde**, para el lugar.

A. *¿Dónde vives?* B. *En esa casa.*

e) **Cuándo**, para el tiempo:

A. *¿Cuándo empieza la película?* B. *A las diez.*

f) **Cómo**, para el modo:

A. *¿Cómo se va al Ayuntamiento?* B. *Por esta calle, todo recto.*

g) **Cuánto**, **cuánta**, **cuántos**, **cuántas**, para la cantidad:

A. *¿Cuánto le debo?* B. *Son 3 euros.* / A. *¿Cuánta leche quieres?* B. *Una poca.*

A. *¿Cuánto arroz has comprado?* B. *Dos paquetes.* / A. *¿Cuántos años tienes?* B. *Treinta.*

A. *¿Cuántas patatas quieres?* B. *Un kilo.*

▶ *Qué* / *Cuál*

a) *Qué* + verbo se utiliza para preguntar por cualquier cosa, sin especificar categoría:

A. *¿Qué van a tomar?* B. *Un bocadillo de jamón.*

A. *¿Qué ha dicho?* B. *Que vendrá mañana.*

b) *Qué* + nombre se utiliza para preguntar por un elemento de la misma categoría que representa el nombre:

A. *¿Qué bocadillo quieres?* B. *El de jamón.*

c) *Cuál* + verbo se utiliza para preguntar por un elemento de una categoría que tanto el hablante como el oyente conocen.

   A. *¿Cuál (de los libros) has elegido para Elena?* B. *El de arte románico.*

   A. *¿Cuál es el país más poblado de Hispanoamérica?* B. *Creo que México, ¿no?*

■ Mira los dibujos y busca la respuesta correspondiente a las preguntas.

a) *¿Qué estás haciendo?* ____2____

b) *¿Cómo es tu coche nuevo?* _____

c) *¿Quién trabaja en esta película?* _____

d) *¿Cuál te gusta más?* _____

1. *Antonio Banderas.*

2. *Estoy navegando en Internet.*

3. *Pequeño, pero muy práctico.*

4. *Ésta.*

Práctica

A **Completa las preguntas con *cuánto, cuánta, cuántos, cuántas*.**

1. ¿*Cuántos* hijos tienes?

2. ¿_____ alumnas hay en tu clase?

3. ¿_____ te ha costado el libro de gramática?

4. ¿_____ agua ha caído en Andalucía?

5. ¿_____ preguntas tenía el examen de matemáticas?

6. ¿_____ CD de Alejandro Sanz tienes?

7. ¿_____ ganas al mes en la empresa nueva?

8. ¿_____ tomates has traído?

9. ¿_____ azúcar quieres en el café?

B Completa las preguntas con uno de los interrogativos del recuadro y relaciónalas con las respuestas.

qué   cómo   cuál   dónde   quién   quiénes   cuándo

1. A. ¿*Cómo* se hace la tortilla de patatas?

2. A. ¿_____ es el pico más alto del mundo?

3. A. ¿_____ has comprado estos muebles?

4. A. ¿_____ ha llamado por teléfono?

5. A. ¿_____ has hecho el fin de semana?

6. A. ¿_____ pantalones te gustan más?

7. A. ¿_____ hay una papelería?

8. A. ¿_____ vendrán a la cena?

9. A. ¿_____ prefieres, esta o esa?

10. A. ¿_____ te vas a casar?

11. A. ¿_____ te ha salido el examen?

12. A. ¿_____ quieres hacer mañana?

a) B. En una tienda del centro.

b) B. No sé, a lo mejor voy al cine.

c) B. Con huevo, patata y cebolla.

d) B. Me gusta más esa.

e) B. El año que viene.

f) B. Mi tía Julia.

g) B. El Everest, ¿no?

h) B. Yo creo que bien.

i) B. En la calle Goya.

j) B. Nada especial.

k) B. Aquellos.

l) B. Loli y Jorge.

C Completa las preguntas que le ha hecho el encuestador al candidato para un puesto de trabajo.

1. ¿Cómo *se llama*? Ernesto Mendoza.

2. ¿Dónde _____?
En la calle Dr. Martí, 37, 2.º.

3. ¿Cuál _____?
Emendoza@hotmail.com

4. ¿Cuándo _____? En 2000.

5. ¿Dónde _____? En la Universidad Autónoma de Barcelona.

6. ¿Cuántos _____? Inglés, francés y un poco de neerlandés.

7. ¿Dónde _____? En una empresa de informática.

8. ¿Cuánto tiempo _____? Tres años, desde 2001 hasta 2004.

9. ¿Qué le gusta _____? Me gusta jugar al baloncesto y leer.

10. ¿Cuándo _____? Cuanto antes, mañana mismo.

D Subraya la opción correcta.

1. ¿*Qué* / *Cuál* reloj te has comprado al final?

2. ¿*Qué* / *Cuál* has estudiado en la universidad?

3. ¿*Qué* / *Cuál* es tu coche, este o aquel?

4. ¿*Qué* / *Cuál* cuadro te gusta más, este o aquel?

5. ¿*Qué* / *Cuál* has pensado sobre lo que te dije?

6. ¿*Qué* / *Cuál* es su opinión sobre el tráfico de Madrid?

7. ¿*Qué* / *Cuál* equipo crees que ganará este año la Liga de fútbol?

8. ¿*Qué* / *Cuál* está diciendo el locutor en la tele?

9. ¿*Qué* / *Cuál* va a estudiar tu hijo: medicina o biología?

10. ¿*Qué* / *Cuál* vas a ponerte: el vestido azul o el negro?

11. ¿*Qué* / *Cuál* crees tú que es mejor, ir en metro o en autobús?

12. ¿*Qué* / *Cuál* crees tú que es mejor: este o ese?

E Formula la pregunta como en el ejemplo.

1. He comprado *una novela de Vargas Llosa*.

    A. *¿Qué has comprado?*

    B. *Una novela de Vargas Llosa.*

2. David vive *en Santiago de Chile*.

    A. ¿_____?

    B. _____.

3. El billete de metro cuesta *1,35 euros*.

    A. ¿_____?

    B. _____.

4. Te espero *en la puerta del cine Novedades*.

    A. ¿_____?

    B. _____.

5. Rosa me ha dicho *que no puede venir*.

    A. ¿_____?

    B. Que _____.

6. Mi padre me ha dado *50 euros para el viaje*.

    A. ¿_____?

    B. _____.

7. He venido *andando* desde la oficina.

    A. ¿_____?

    B. _____.

7. Ayer salí y hoy me he levantado tarde.
Pretérito indefinido / Pretérito perfecto

Situaciones

▶ En el español hablado en España, se emplea el pretérito perfecto:

a) Con marcadores temporales como *hoy, esta mañana, este fin de semana, este verano, últimamente.*
<u>Esta mañana</u> me **he levantado** tarde y **he llegado** a las diez a la oficina y el jefe me **ha regañado**.

b) Con partículas como *alguna vez, dos veces, nunca,* cuando hablamos de experiencias de la vida de las personas.
*Yo **he estado** en Berlín <u>tres veces</u>.*

▶ Se usa el pretérito indefinido:

a) Con marcadores como *ayer, el año pasado, la semana pasada, el lunes | martes | miércoles* (pasado), *hace dos | tres | cinco años, en abril, en 1850.*
<u>Hace tres años</u> **fuimos** de vacaciones a Galicia.

b) Para expresar acciones acabadas en un periodo de tiempo que también ha acabado.
***Estuve** con Luisa <u>hasta las cuatro</u>.*
*Jorge y yo **vivimos** en Berlín <u>tres años</u>.*

▶ Relación entre pretérito perfecto y pretérito indefinido.

Observa los marcadores que acompañan al verbo en cada ocasión.

1. A. *¿**Has comido** <u>alguna vez</u> paella?*
   B. *Sí, la **probé** <u>el año pasado</u> en Valencia.*

2. A. *¿Qué **habéis hecho** <u>este fin de semana</u>?*
   B. *<u>El sábado</u> **salimos** con Fernando y Reyes, pero <u>el domingo</u> **nos quedamos** en casa.*

3. A. *Mi marido está en el hospital, se **ha roto** una pierna.*
   B. *¡Vaya! ¿Cuándo **ha sido**?*
   A. *Pues **fue** <u>el domingo pasado</u>, en el parque; **vio** un balón, le **dio** una patada y se **cayó**.*

■ Relaciona los dibujos con las tres situaciones anteriores.

Práctica

A Subraya la forma más adecuada.

1. Vaya, otra vez *perdí* / *he perdido* las llaves.
2. Hace mucho frío, ¿quién *ha abierto* / *abrió* la ventana?
3. Anoche *vi* / *he visto* en la tele un programa muy bueno sobre las nuevas tecnologías.
4. Hoy me *levanté* / *he levantado* muy tarde porque anoche *salí* / *he salido* a bailar.
5. *He conocido* / *Conocí* a mi mujer en 1980 y nos *hemos casado* / *casamos* en 1982.
6. El miércoles no *fui* / *he ido* a trabajar.
7. ¡Me *robaron* / *han robado* la cartera!
8. Maribel no *fue* / *ha ido* nunca a un balneario.
9. Javier se *casó* / *ha casado* tres veces.

B Completa las frases con el verbo en pretérito perfecto o pretérito indefinido.

1. A. ¿*Has leído* ya la novela de Federico?

   B. No, todavía no (tener) _____ tiempo.

2. A. ¿(Ver, tú) _____ a Carolina últimamente?

   B. Sí, la (ver) _____ el sábado pasado. Está muy bien.

3. A. ¿Dónde (estar, tú) _____ de vacaciones este verano?

   B. Pues en julio (estar) _____ aquí, en Madrid, y en agosto (ir) _____ a Egipto.

4. A. ¿Qué (hacer) _____ este fin de semana?

   B. Nada especial, el sábado (limpiar) _____ _____ un poco y el domingo (salir) _____ a dar un paseo por el Retiro.

8. *Hacía frío y nos quedamos en casa.*
Pretérito imperfecto / Pretérito indefinido

Situaciones

▶ Usamos el pretérito imperfecto para hablar de:

a) Hábitos en el pasado.
*Antes **hacía** gimnasia todos los días, pero ahora no tengo tiempo.*

b) Descripciones en el pasado.
***Hacía** frío y no **había** nadie en la calle.*
*En verano conocí a una chica que **estudiaba** en el Conservatorio Superior de Música y **trabajaba** en una academia privada.*

Por este valor descriptivo, en las narraciones explica (el marco y) la situación en la que ocurre la acción principal expresada en pretérito indefinido.

c) Acciones en desarrollo en el pasado.
*Cuando **venía** al trabajo vi mucha gente delante del quiosco de prensa.*

▶ Usamos el pretérito indefinido para hablar de acciones acabadas en un momento determinado del pasado:
*Ayer **vi** a mi profesor de periodismo en la tele.*

▶ Pretérito imperfecto y pretérito indefinido:
El significado de la frase es completamente diferente si utilizamos uno u otro verbo.

a) *Cuando **volvimos** del fin de semana **encontramos** atasco de tráfico en la carretera.*
   P. INDEF.   P. INDEF.

b) *Cuando **volvíamos** del fin de semana **encontrábamos** atasco de tráfico en la carretera.*
   P. IMPERF.   P. IMPERF.

En a) hablamos de una sola vez; en b) hablamos de un hecho repetido cada fin de semana.

▶ Si hay un marcador temporal que indica la duración de la acción, entonces usamos el pretérito indefinido porque el hablante sabe que terminó el periodo.
*José **vivió** en París (mucho tiempo / varios meses / hasta 2004) .*

A Subraya el verbo más adecuado.

1. Yo *quería* / *quise* estudiar medicina, pero al final *estudiaba* / *estudié* biología.

2. Antes, Lucrecia *visitó* / *visitaba* a una mujer que le *leyó* / *leía* el futuro en las cartas.

3. Antes de venir a España, Olga *creía* / *creyó* que todos los españoles *bailaban* / *bailaron* flamenco.

4. ¿Tu marido es abogado? Yo *pensé* / *pensaba* que tu marido *trabajaba* / *trabajó* en un hospital.

5. Lorenzo *quería* / *quiso* llegar hasta el final de la maratón, pero se *quedó* / *quedaba* a tres kilómetros de la meta.

6. Cuando *veníamos* / *vinimos* del pueblo *encontramos* / *encontrábamos* cada domingo una caravana grandísima.

7. Ayer me *llamaron* / *llamaban* por teléfono cuando *salía* / *salí* por la puerta.

8. Mi madre siempre me *ayudaba* / *ayudó* cuando *tenía* / *tuve* más trabajo.

9. Cuando *conocí* / *conocía* a mi marido, yo *vivía* / *viví* en Barcelona y él, en Madrid.

10. Cuando *estudiaba* / *estudié* en París, *iba* / *fui* dos veces al Museo del Louvre.

11. Lucía *quería* / *quiso* casarse con Roberto, pero al final se *casaba* / *casó* con Pedro.

12. Pablo y Lucía se *compraron* / *compraban* un chalé que *estaba* / *estuvo* al lado de la playa, pero al año siguiente lo *vendían* / *vendieron*.

13. A. ¿*Compraste* / *Comprabas* algo en las rebajas?

    B. No, no *compré* / *compramos* nada porque *había* / *hubo* demasiada gente.

14. *Llamó* / *Llamaba* por teléfono varias veces, pero no *contestaron* / *contestaban*.

B Escribe el verbo entre paréntesis en el tiempo adecuado (pretérito imperfecto, pretérito indefinido).

1. Antes, mi familia y yo (ir) *íbamos* siempre de vacaciones a la playa, pero el verano pasado (ir) _____ a un casa de campo en Andalucía.

2. El domingo pasado (salir, yo) _____ a dar un paseo y (encontrarse) _____ con mis hermanas que (venir) _____ del cine.

3. A los 16 años Enrique (trasladarse) _____ a estudiar música a Salamanca, y allí (conocer) _____ a la pianista Lourdes Moreno, que ya (ser) _____ famosa en todo el mundo.

4. En verano, cuando (estar, nosotros) _____ en la playa, (ver) _____ a un hombre que (pedir) _____ socorro porque no (saber) _____ nadar. Dos jóvenes que (estar) _____ jugando (meterse) _____ en el agua y lo (sacar) _____ enseguida.

5. Cuando mis padres (casarse) _____, (querer) _____ ir a vivir a Vigo, pero mis abuelos no (querer) _____ y, al final, mis padres (quedarse) _____ en el pueblo.

C **Completa la biografía de Sara Baras con los verbos de los recuadros.**

Sara Baras nació en Cádiz en 1972, hija de una maestra de baile y de un coronel de Infantería de Marina. *Empezó* [(1)] a bailar cuando _____ [(2)] cinco años, en las fiestas que _____ [(3)] el capitán general. Su madre _____ [(4)] su primera maestra; ella _____ [(5)] el piano y cuando se casó, _____ [(6)] a Jerez a estudiar con Cristóbal el Jerezano. "Yo _____ [(7)] bailar sola, pero mi madre me _____ [(8)] que no, que _____ [(9)] que bailar con un grupo".

Cuando _____ [(10)] 18 años _____ [(11)] el primer premio del programa televisivo "Gente joven" y en 1998 _____ [(12)] formar su propia compañía. _____ [(13)] en espectáculos como *Sensaciones*, *Sueños*, *Juana la Loca* o *Mariana Pineda*, este último con música de Manolo Sanlúcar y dirección de Lluís Pascual. _____ [(14)] en Sevilla, Barcelona, París, Washington, Boston, Nueva York y en todos los sitios el público la _____ [(15)] en pie, emocionado. Alguien ha dicho de ella: "Sara _____ [(16)] una mujer muy atractiva, _____ [(17)] una habilidad fastuosa, una sonrisa y un cuerpo maravillosos, un conocimiento…".

fue (2)
tocaba
daba
quería
decía
empezó
tenía (2)

tenía
ha aplaudido
ganó
decidió
es
ha bailado
tiene
ha actuado

D Completa las frases con las partículas *cuando*, *porque*, *que*, *mientras*, *como*.

1. Eugenio se jubiló a los 60 años *porque* estaba muy cansado.

2. _____ mis hijos estaban en el colegio, yo iba a cuidar personas mayores.

3. _____ vivíamos en Italia, comíamos pasta todos los días.

4. Ayer, _____ había huelga de autobuses, tuve que coger un taxi.

5. _____ Rocío era una niña muy tímida, la llevé a un centro especial.

6. El coche _____ tenía Óscar era muy viejo.

7. No cené _____ no tenía hambre.

8. _____ llamó Pilar, yo estaba en la ducha.

9. _____ ellos veían el fútbol, Maribel y yo hablábamos en la cocina.

10. Yo antes iba al gimnasio _____ estaba cerca de mi casa.

11. _____ tenía mucho trabajo, me quedé en la oficina hasta las 9.

E De las siguientes frases, 8 son incorrectas. Di cuáles y corrígelas.

1. Mis abuelos tenían un perro que se llamó Rápido.   *Incorrecta. Llamaba.*

2. Ayer no venía a trabajar porque me dolía mucho

   la cabeza.   _____ _____

3. Antes la gente vivía peor que ahora porque no

   había comodidades.   _____ _____

4. El domingo vi una película de Almodóvar y me

   gustaba mucho.   _____ _____

5. Mi hermana vivía tres años en Brasil.   _____ _____

6. Roberto y Luisa tenían un accidente cuando

   fueron la sierra.   _____ _____

7. Ayer, no tuve trabajo y salí antes de la oficina.   _____ _____

8. Cuando conocí a Isabel, ella era directora de

   su departamento.   _____ _____

9. Isabel era directora de su departamento hasta 2002.   _____ _____

10. El domingo nos quedamos en casa y vimos una

    película en la tele.   _____ _____

11. Cuando salía de su casa, lo llamaron por teléfono.   _____ _____

12. Cuando estaba enfermo, leyó muchas novelas.   _____ _____

9. Estaba tomando el sol y empezó a llover.
Estaba + gerundio, pretérito indefinido

Situaciones

▶ Usamos la perífrasis *estaba* + gerundio para describir acciones en desarrollo en el pasado. Se combina con una frase en pretérito indefinido para indicar que la acción en desarrollo quedó interrumpida por otra.

Estaba duchándose *cuando sonó el teléfono.*

Cuando **estaba esperando** *el autobús, pasaron varias ambulancias.*

▶ Relación *estaba* + gerundio y pretérito imperfecto.

a) Muchas veces se pueden utilizar las dos formas indistintamente:

Cuando **bajaba** / **estaba bajando** *por la escalera se cayó y se rompió una pierna.*

Conocía a José Luis cuando **trabajaba** / **estaba trabajando** *en el hotel Meliá.*

b) Preferentemente, se utiliza la perífrasis con verbos de actividades concretas: *dormir, leer, estudiar, trabajar,* etc:

Yo **estaba durmiendo** *cuando llegó Pepe.*

c) Normalmente, no se utiliza la perífrasis con los verbos *ser, estar, ir, venir, volver, creer, pensar*:

Cuando **volvía** ~~estaba volviendo~~ *de la oficina vi a Pepe.*

Yo **pensaba** ~~estaba pensando~~ *que tú estabas casado.*

d) Tampoco se utiliza nunca la perífrasis para indicar acciones habituales en el pasado:

Antes yo **fumaba**, ~~estaba fumando~~ *pero ahora ya no fumo.*

Mis hijos antes **veían** ~~estaban viendo~~ *mucho la tele, pero ahora no.*

El miércoles pasado hubo una avería y a las once de la noche se fue la luz en todo mi bloque. ¿Qué estaba haciendo cada miembro de mi familia en ese momento?

Relaciona cada actividad con su dibujo.

a) *Estaban viendo la tele.* ___2___

b) *Estaba duchándose.* _____

c) *Estaba hablando por teléfono.* _____

d) *Estaba estudiando para el examen.* _____

e) *Estaba jugando a las cartas.* _____

f) *Estaba navegando en Internet.* _____

g) *Estaba leyendo el periódico.* _____

1. *Mi hermano mayor.*

4. *Mi madre.*

2. *Mis abuelos.*

5. *Mi tía.*

3. *Mi hermano menor.*

6. *Mi hermana.*

7. *Mi padre.*

Práctica

A **Escribe frases como las del modelo.**

1. Mi hermano / esquiar / romperse una pierna.

   Mi hermano estaba esquiando y se rompió una pierna.

   Mi hermano se rompió una pierna cuando estaba esquiando.

2. Luis / comprar en horas de trabajo / encontrarse con su jefe.

   _____ .

   _____ .

3. Graciela / pintar la pared / caerse de la escalera.

   _____ .

   _____ .

4. Yo / limpiar la casa / tener un pequeño accidente con la aspiradora.

   _____ .

   _____ .

5. Roberto / preparar la comida / quemarse.

   _____ .

   _____ .

6. Nosotros / cenar en un restaurante / ver al director de cine Alejando Amenábar.

   _____ .

   _____ .

7. Ellas / bailar en una discoteca / oír unos disparos.

   _____ .

   _____ .

8. El autobús / llegar a la parada / chocar con un camión.

   _____ .

   _____ .

9. Nosotras / ver la tele / no oír el timbre de la puerta.

   _____ .

   _____ .

B Fíjate en las imágenes y completa la historia con los verbos del recuadro.

~~fuimos~~   estaba leyendo   estaba sacando   practicó   estaba tomando   llegué

empezó   estaban jugando   estaba pagando   volví   fui   estaba mirando

El verano pasado mi familia y yo *fuimos*$^{(1)}$ un día a la playa. A las diez yo _____$^{(2)}$ el periódico, mi mujer _____$^{(3)}$ el sol y mis hijos _____$^{(4)}$ con la arena. Después de un rato, yo _____$^{(5)}$ a comprar una botella de agua y unos helados al quiosco.

Cuando _____$^{(6)}$ todo, vi que mucha gente _____$^{(7)}$ hacia el agua y gritando. Yo _____$^{(8)}$ rápido al lugar donde estaba mi familia. Cuando _____$^{(9)}$, un hombre _____$^{(10)}$ del agua a un niño: era Jorge, mi hijo mayor. Rápidamente vino una mujer, le _____$^{(11)}$ la respiración artificial unos minutos hasta que Jorge _____$^{(12)}$ a toser y a sonreír. ¡Qué susto nos llevamos!

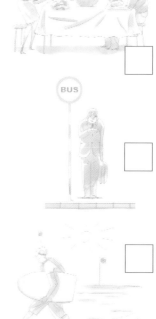

10. *Estuvimos bailando hasta las dos.*

Estaba / estuve / he estado + gerundio

Situaciones

▶ Con *estaba* + gerundio expresamos acciones en desarrollo, sin terminar.
*Jorge llamó por teléfono cuando yo **estaba cenando**.*

▶ Con *estuve* + gerundio expresamos acciones acabadas.
*Anoche **estuvimos hablando** de ese tema hasta la una de la madrugada.*

▶ Con *he estado* + gerundio hablamos de una acción acabada en un tiempo reciente.
***He estado esperando** el autobús más de una hora.*

▶ *¿Estuve trabajando* o *trabajé*? *¿He estado trabajando* o *he trabajado*?
Con la perífrasis *estar* + gerundio destacamos la duración de la acción:
*Este verano Vanesa **ha viajado** por Europa* (información objetiva).
*Este verano Vanesa **ha estado viajando** por Europa* (enfatizamos / destacamos la duración de la acción de viajar).

■ Completa la frase con un verbo del recuadro y escribe el número.

> ~~estábamos cenando~~ hemos estado cenando estuvimos cenando

1. Eduardo llamó por teléfono cuando *estábamos cenando* . ☐

2. El sábado _____ en un restaurante tailandés.

3. _____ ensalada todo el mes para perder peso.

> estaba esperando   he estado esperando   estuve esperando

4. Esta mañana _____ el autobús una hora y he llegado tarde. ☐

5. Cuando _____ el autobús vi pasar el coche del Presidente.

6. _____ el autobús una hora y como no vino, tuve que ir andando a la playa.

A **Completa las frases con un verbo del recuadro.** María Jesús es ama de casa y ha estado una semana en el hospital con su padre. A la vuelta, su casa está sucia y desordenada y les pregunta a su marido y a sus hijos que por qué no han limpiado. Cada uno da una excusa.

estudiar	hacer	pintar	ayudar	~~trabajar~~

El marido: Yo *he estado trabajando* en la oficina todos los días hasta las 8.

Jorge: Yo _____ para el examen del martes próximo.

Elena: Yo _____ a mi amiga Lucía porque tiene problemas con su novio.

Marta: Yo _____ un cuadro para la clase de Dibujo.

Carmen, (su suegra): Yo _____ este jersey de punto.

B **Subraya la opción más adecuada.**

1. Roberto conoció a su mujer cuando *estaba trabajando* / *ha estado trabajando* en Argentina.

2. Ayer, cuando llegó Luis, *estábamos tomando* / *estuvimos tomando* un aperitivo.

3. A. ¿Qué tal las vacaciones?

   B. Muy bien, *hemos estado descansando* / *estábamos descansando* en una casa en la montaña.

4. A. ¿Qué tal el día?

   B. Horrible. Mi jefe *ha estado gritando* / *estaba gritando* todo el día y ahora me duele la cabeza de la tensión.

5. Cuando *estábamos saliendo* / *estuvimos saliendo* para ir al cine, llamó la madre de Paco y nos dio la noticia.

6. Este fin de semana *hemos estado hablando* / *estábamos hablando* con el constructor de nuestra casa de la playa.

7. María Luisa *estaba viviendo* / *estuvo viviendo* en Mallorca cuando a su hijo le tocó la lotería.

8. A. ¿Hace tiempo que no ves a Rosa y Ángel?

   B. ¡Qué va! Precisamente, *estábamos cenando* / *estuvimos cenando* con ellos el otro día.

9. ¿Qué has hecho esta mañana?

   B. *He estado buscando* / *Estaba buscando* en Internet información para un trabajo.

10. A. Ayer a las 3 te llamé por teléfono y no estabas.

    B. Sí, a esa hora *he estado durmiendo* / *estaba durmiendo* la siesta.

11. *Es mayor, pero está joven.*
Ser / estar

Situaciones

▶ Se usa el verbo *ser* para:

a) Identificar: *Esta es mi novia.*

b) Decir la nacionalidad: *Olga es rusa.*

c) Decir la profesión: *Roberto es peluquero.*

d) Describir: *Este libro es aburrido.*

e) Indicar la propiedad o autoría: *Este cuadro es de Picasso.*

▶ Se usa el verbo *estar* para:

Hablar de la posición o el lugar de las cosas o personas: *Celia está en clase.*

▶ *Ser / estar*:

a) Con muchos adjetivos podemos usar *ser* o *estar*.

Con *ser* definimos una característica del sujeto.

Con *estar* hablamos de un estado pasajero, temporal.

Joaquín es tranquilo.   *Joaquín está tranquilo.*

Rosa es alegre.   *María está contenta.*

b) Otras veces, el significado del adjetivo cambia si se utiliza el verbo *ser* o *estar*.

*Las verduras **son** buenas para la salud. / Pepe, estas verduras **están** muy buenas, ¿verdad?*

*El hijo de mi vecina **es** muy listo.* (inteligente) / *Pedro, ¿**estás** listo para salir?* (preparado)

■ Completa con *ser* o *estar*:

1. El coche _*está*_ mal aparcado.

2. La botella _____ llena.

3. Este problema _____ difícil.

4. Este trabajo _____ muy duro.

¿Cómo es?

ser	estar	ser y estar
necesario, posible, maravilloso, rápido, fácil, difícil	lleno, vacío, bien, mal despierto, contento harto, preocupado lejos, cerca de buen / mal humor	bueno, malo, divertido, aburrido, ocupado, nervioso, estupendo, tonto, feliz, libre, duro, tierno, nuevo, viejo, cerrado, relajado

Práctica

A Subraya el verbo adecuado.

1. Julia es / _está_ nerviosa porque tiene que ir al dentista.

2. Los hijos de mis vecinos *son / están* muy mal educados.

3. Maribel *está / es* muy contenta desde que se casó.

4. Mi jefe *es / está* preocupado porque los negocios no van bien.

5. La nueva profesora *es / está* inteligente y simpática.

6. Con Andrés no se puede vivir, *es / está* egoísta y reservado.

7. No soporto a Rosana, *es / está* pesadísima desde que la nombraron jefa.

8. ¿Has visto qué guapo *es / está* últimamente el profesor de español?

9. Me encanta tu madre, *es / está* muy divertida.

10. A mí no me cae bien su padre, *es / está* un pesado.

11. David *es / está* un chico estupendo, pero cuando *está / es* de mal humor parece antipático.

12. No sé qué le pasa hoy a Virginia, *es / está* pesadísima.

B Completa las descripciones de estas personas. Utiliza *ser*, *estar* y *tener*.

A. Esta *es* [1] Bárbara, _____ [2] 36 años, _____ [3] casada y _____ [4] ama de casa. Su marido se llama Jacinto, _____ [5] 38 años y _____ [6] informático. _____ [7] dos hijos: Sergio, de 14 años, y Elena, de 8 años. Bárbara _____ [8] mi mejor amiga, _____ [9] muy cariñosa y siempre _____ [10] de buen humor.

43

B. Mira, estos _____ (1) mis tíos. Mi tío Pedro _____ (2) profesor de matemáti-

cas y mi tía _____ (3) psicóloga. No _____ (4) hijos. Mi tío _____ (5) buena

persona, pero _____ (6) autoritario y siempre _____ (7) de mal humor. En

cambio, mi tía _____ (8) muy alegre y optimista, siempre _____ (9) contenta.

Ahora ella _____ (10) un poco deprimida porque no _____ (11) trabajo, pero

normalmente siempre _____ (12) riendo.

C Lee la conversación y completa con *ser* o *estar*.

A. ¿Sabes?, he conocido a un chico.

B. No me digas. ¿Cómo *es* (1)?

A. Bueno, no _____ (2) muy guapo, pero

_____ (3) atractivo. _____ (4) alto, tiene

el pelo castaño y barba.

B. ¿Y a qué se dedica?

A. Es ingeniero industrial.

B. ¡Qué bien! ¿En qué trabaja?

A. Bueno, ya sabes que _____ (5) difícil encontrar trabajo como ingeniero. De momento _____ (6)

trabajando de fontanero con su padre.

B. Lo importante es que trabaje en algo.

A. Sí, además _____ (7) amable y muy romántico. Cada día me envía un montón de mensajes al

móvil. Me dice que yo _____ (8) la mujer de su vida y que _____ (9) muy enamorado de mí.

B. Chica, ¡qué suerte! Yo, en cambio, he terminado con Andrés.

A. ¡Vaya!, mujer. ¿Por qué?

B. Pues porque _____ (10) un egoísta. Solo piensa en sí mismo. Siempre _____ (11) de mal humor,

todo le molesta... Además, me parece que no _____ (12) muy trabajador, y eso _____ (13)

importante para mí. No me gustan nada los vagos.

D Completa las frases con *ser* o *estar*.

1. Por favor, ¿*está* libre esta silla?

2. No compres estos plátanos, _____ verdes.

3. Cada uno _____ libre de entrar o salir cuando quiera.

4. A. A mí no me gusta el novio de Julia, _____ muy reservado.

   B. ¡Qué va!, yo creo que _____ abierto.

5. La farmacia _____ abierta hasta las dos.

6. A. ¿Has visto a la hija de M.ª Jesús?

   B. Sí, _____ muy despierta.

7. Pepe, ¿_____ listo?, tenemos que salir ya.

8. A. ¿Se ha dormido el enfermo?

   B. No, todavía _____ despierto.

9. A. Joaquín, ¿qué tal _____ tu madre?

   B. Bien, ya _____ mejor, gracias.

10. Los padres de Roberto _____ muy ricos.

11. Bárbara, hoy la comida _____ muy rica.

12. Nuestra casa _____ abierta a todos.

E **Escribe frases verdaderas tomando un elemento de cada recuadro.**

mi pueblo / ciudad		tranquilo/a/os/as
los autobuses		cerca–lejos del centro
las calles		antiguo/a/os/as–moderno/a/os/as
las plazas	es	amables–antipáticos
mi barrio	son	grande/s–pequeño/a/os/as
mi piso / casa	está	bonito/a/os/as–feo/a/os/as
las tiendas	están	alto/a/os/as–bajo/a/os/as
los habitantes de mi ciudad		puntuales–impuntuales
los edificios		largo/a/os/as–estrecho/a/os/as

1. _Mi pueblo es tranquilo_ .   5. _____ .

2. _____ .   6. _____ .

3. _____ .   7. _____ .

4. _____ .   8. _____ .

12. *He venido en el autobús.*
Preposiciones

Situaciones

▶ La preposición *a* se utiliza para:

a) Introducir el complemento directo de persona: *Vimos **a** María en la reunión.*

b) Introducir el complemento indirecto: *Compré unos regalos **a** (para) los niños.*

c) Indicar lugar: *La puerta está **al** (**a** + **el**) final del pasillo. / ¿Vamos **a** la piscina?*

d) Indicar tiempo: A. *¿**A** qué hora sale el avión?* B. ***A** las 14:30.*

e) Indicar frecuencia: *Voy al gimnasio una vez **a** la semana.*

f) Con el verbo *estar* sirve para expresar:
  – Precio: *El pollo está **a** 4 euros el kilo.*
  – Fecha: *¿**A** cuánto estamos hoy?*
  – Temperatura: *En Rusia están **a** 10 grados bajo cero.*
  – Distancia: *Su pueblo está **a** tres kilómetros del mío.*

▶ La preposición *con* se utiliza para expresar:

a) Compañía: *Iremos a la playa **con** unos amigos.*

b) Modo: *Trata a los niños **con** mucho cariño.*

c) Instrumento: *No escribáis **con** lápiz, por favor, hacedlo **con** bolígrafo.*

▶ La preposición *de* se utiliza para expresar:

a) Tiempo: *Yo nunca salgo **de** noche. / Trabajo **de** 8 a 5.*

b) Posesión / autoría: *Ese collar era **de** mi abuela. / Ese cuadro es **de** Goya.*

c) Tipo / materia / contenido: *clases **de** baile / bolso **de** cuero / caja **de** bombones.*

d) Se utiliza, con frecuencia, en expresiones con *ir* y *estar*: *ir **de paseo**, estar **de compras**.*

▶ La preposición *desde* se utiliza para:

a) Indicar origen en el espacio y en el tiempo: *Vive en México **desde** el año pasado. / Vienen andando **desde** la frontera.*

b) Se usa con *hasta* para delimitar el tiempo: *En España los bancos abren **desde** las 8 **hasta** las 3* (= de 8 a 3).

▶ La preposición **en** se utiliza para indicar:

a) Lugar: *Las llaves están **en** el cajón* (= dentro del cajón). / *Las llaves están **en** la mesa* (= sobre / encima de la mesa).

b) Tiempo: *Me casé **en** 1994.*

c) Modo: *No hables **en** voz alta.*

d) Medio de transporte: *Iremos a China **en** avión.*

1

▶ La preposición **hasta** se utiliza para indicar punto final en el tiempo o en el espacio: *Estuve en la oficina **hasta** las 8.* *No llegamos **hasta** Toledo porque el coche no tenía gasolina.*

2

▶ La preposición **sin** se utiliza para expresar ausencia: *Me gusta el café **sin** azúcar.*

3

▶ La preposición **sobre** se utiliza para indicar:

a) Espacio, igual que *encima de*: *Puse el regalo **sobre** la mesa de la cocina.*

b) Fecha y hora aproximadas: *Llegué a casa **sobre** las 12.*

4

■ Fíjate en los dibujos y completa con las preposiciones *en*, *de*, *con*:

1. Entrar _*en*_ casa.

2. Salir _____ casa.

3. Casarse _____ alguien.

4. Divorciarse _____ alguien.

5. Vivir _____ el campo.

6. Guardar algo _____ un cajón.

7. Sacar algo _____ un cajón.

8. Encontrarse _____ alguien.

5

6

7

8

Práctica

A **Subraya la opción adecuada.**

1. A. ¿(*A / con / de*) quién es esta cartera?

   B. Creo que es (*a / con / de*) Ana.

2. A. ¿(*Con / De / En*) qué frecuencia viajas a tu país?

   B. Voy una vez (*de / al / en*) año más o menos.

3. A. ¿(*En / A / De*) qué distancia está de Barcelona?

   B. (*A / Hasta / De*) unos 600 kilómetros. Si tengo dinero voy (*de / por / en*) avión pero también se puede ir (*en / por / con*) autobús.

4. A. Julio, cariño, ayuda (*a / Ø / para*) tu hermana (*para / Ø / a*) ordenar su cuarto.

   B. Sí, mamá, pero (*hasta / a / en*) las 6 me voy, he quedado (*con / de / en*) mis amigas.

5. Haz los ejercicios (*en / de / con*) más cuidado, así no te equivocarás.

6. Ayer nos quedamos viendo la tele (*con / de / hasta*) las doce de la noche. No sé qué pasa, pero últimamente no podemos vivir (*con / sin / de*) televisión.

7. Corta la carne (*hasta / con / en*) el cuchillo y pínchala (*en / de / con*) el tenedor.

8. A. ¿(*De / A / En*) qué hora te vas?

   B. No tengo prisa, cuando tú termines el trabajo te llevo (*a / Ø / en*) casa.

9. Perdone, ¿este es el tren que va (*hasta / de / en*) Bilbao?

10. A. Dame dinero, papá, voy (*Ø / de / a*) salir esta noche.

    B. Pero hijo, ¿es que no puedes vivir (*con / sin / desde*) pedirme dinero todos los días?

    A. Venga, papá, ¿(*en / de / a*) qué cajón has guardado la cartera?

    B. (*Sobre / Con / En*) el primero, pero no cojas más (*con / de / desde*) 20 euros.

11. A. ¿Trabaja María (*con / en / Ø*) los sábados?

    B. No, sólo trabaja (*de / desde / en*) lunes (*a / hasta / en*) viernes.

    A. ¿Y qué horario tiene?

    B. Pues (*en / de / desde*) las 8:30 (*a / hasta / de*) las 15:30 aproximadamente.

B Escribe la preposición *a* (o *al*) donde sea necesario. (En algunas frases no hay que ponerla).

1. ¿Has visto _____ la última película de Fernando Trueba?

2. ¿Conoces _____ Barcelona?

3. Fernando lleva _____ sus hijos _____ colegio _____ las 8.

4. Ayer vi _____ tu hermana, llevaba _____ un abrigo muy bonito.

C Completa con las preposiciones.

a	al	con	de	del	hasta	en	sin

○ ○ ○　　　　　　　Mensaje nuevo　　　　　　　　　　◯

Enviar　Chat　Adjuntar　Agenda　Tipo de letra　Colores　Borrador

Para:　juan@correo.com

Cc:

Asunto:　HOLA

Hola Juan, por fin he encontrado una casa para alquilar. Está *al* (1) lado _____ (2) metro, _____ (3) una calle muy tranquila.
¿Puedes venir _____ (4) verla el sábado?
Un abrazo, Lola.

○ ○ ○　　　　　　　Mensaje nuevo　　　　　　　　　　◯

Enviar　Chat　Adjuntar　Agenda　Tipo de letra　Colores　Borrador

Para:　lola@correo.com

Cc:

Asunto:　Enhorabuena

¡Enhorabuena por la casa! Tengo muchas ganas _____ (5) verla.
Verás, no sé si podré ir el sábado porque trabajo _____ (6) las 6 y no sé si voy _____ (7) llegar muy tarde a tu casa.
Además, si no te importa, tengo que ir _____ (8) mi primo Manolo, ¿te acuerdas _____ (9) él? Es que ahora está _____ (10) trabajo y ha venido _____ (11) casa para pasar unos días.
Bueno, si te parece bien, podemos estar _____ (12) tu casa _____ (13) las 9 más o menos.
Contéstame hoy y mándame tu dirección. Besos.

13. ¿Ha llamado alguien?

Indefinidos: *algún, ningún, nadie, nada*

Situaciones

▶ Los indefinidos se utilizan para expresar cantidades de forma vaga, inconcreta.

A. *¿Tienes **algún** cd de Ricky Martin?*

B. *No, no tengo **ninguno**, ¿y tú?*

▶ *Alguno* y *ninguno* pierden la *-o* delante de un nombre masculino singular.

A. *¿Has visto **algún** libro nuevo?*

B. *Yo no he encontrado **ningún** problema para aparcar. ¿Y tú?*

▶ *Alguien* y *nadie* se refieren siempre a personas.

A. *¿Ha venido **alguien**?* B. *No, no ha venido **nadie**.*

▶ *Algo* y *nada* se refieren siempre a cosas.

A. *¿Has comprado **algo**?* B. *No, hoy no he comprado **nada**.*

■ Relaciona cada frase con un dibujo.

1. *No hay nadie en clase.*

2. *A. ¿Quieres tomar algo? B. No, no quiero nada, gracias.*

3. *No hay nada en la nevera.*

¿Cómo es?

> **Nadie** ha ido al concierto. / **No** ha ido **nadie** al concierto.

> (Yo **no** he visto **nada**).

Pronombres y adjetivos				Sólo pronombres	
alguno	alguna	ninguno	ninguna	alguien	nadie
algunos	algunas	ningunos*	ningunas*	algo	nada

* muy poco usados.

Práctica

A **Ordena las frases.**

1. excursión / quiere / la / nadie / ir / a   *Nadie quiere ir a la excursión.*

2. nada / aquí / hay / no   _____.

3. ¿ha visto / alguien / algo?   _____.

4. teléfono / ha llamado / no / por / nadie   _____.

5. comer / nada / no / Pilar / quiere   _____.

6. nadie / al / no / ha ido / concierto   _____.

7. ti / alguien / por / ha preguntado   _____.

8. nada / saber / quiere / nadie   _____.

B **Subraya la forma adecuada y contesta siempre de forma negativa.**

1. ¿Ha venido <u>*alguien*</u> / *algún*?   B. *No, no ha venido nadie.*

2. ¿Queda *alguno* / *algo* de comida?   B. No, _____.

3. ¿Tienes *algún* / *alguna* problema?   B. No, no _____.

4. ¿Hay *alguna* / *alguien* en tu casa?   B. No, _____.

5. ¿Has comprado *algo* / *alguno* a los niños?   B. No, _____.

6. ¿Has visto *alguna* / *algún* camisa bonita?   B. No, _____.

7. ¿Queda *alguna* / *algo* cosa que hacer?   B. No, _____.

C **Completa el interrogatorio del abogado al testigo en un juicio.**

A. ¿Tenía usted *alguna*[(1)] relación con la víctima?

B. Sí, señor, éramos vecinos y _____[(2)] veces tomábamos _____[(3)] en el bar.

A. ¿Le contó _____[(4)] sobre su trabajo _____[(5)] vez?

B. Bueno, _____[(6)] vez me habló de _____[(7)] negocio, pero no hablaba casi _____[(8)], era muy reservado.

A. ¿Salía con _____[(9)] mujer?

B. No creo, yo nunca le vi con _____[(10)] mujer.

A. Y el día dos de noviembre, ¿vio a _____[(11)] salir de la casa del Sr. Ramírez? ¿Oyó _____[(12)] raro?

B. No, señor, no vi a _____[(13)], y tampoco oí _____[(14)].

51

14. *Había demasiada gente.*

Indefinidos: *mucho, bastante, todo, demasiado*

Situaciones

▶ *Mucho/a/os/as* pueden ser adverbios y adjetivos.

Tu hijo come **mucho** *(adverbio).* / *Nosotros tenemos* **muchos** *libros (adjetivo).*

▶ *Demasiado/a/os/as, bastante/es* y *poco/a/os/as* pueden ir:

a) Con un adjetivo: *Los actores que trabajan en esta película son* **bastante** <u>famosos</u> *en Francia.*

b) Con un nombre: *No hay* **bastante** <u>comida</u>.

c) Solos (pronombre o adverbio): *No compres más patatas, tenemos* **bastantes**.

▶ *Poco / Un poco.*

a) *Poco/a/os/as* + nombre, *un poco de* + nombre:

A. *¿Vamos al cine?* B. *No puedo, tengo* **poco** *dinero* (no tengo mucho).

A. *Tengo* **un poco** *de dinero, te invito a un helado* (tengo algo). B. *Vale.*

b) *Un poco* + adjetivo:

Yo creo que Juan es **un poco** <u>egoísta</u>. / *Las fiestas de mi pueblo son* **un poco** <u>aburridas</u>.

c) *Poco* + adjetivo:

Manu es **poco** *simpático, ¿verdad?* (= no es simpático).

▶ *Todo/a/os/as:*

a) *Todo* + determinante + nombre: *Recoge* **todas** <u>tus cosas</u>. / **Todos** <u>los domingos</u> *hago lo mismo.*

b) *Todo:* *¿Lo has hecho* **todo***?*

■ Relaciona el dibujo con las frases.

a) *Tengo poco dinero, no puedo ir al cine.*
b) *Tengo un poco de dinero, te invito a un helado.*
c) *Vamos al cine, yo tengo bastante dinero para los dos.*

A Completa la conversación con *bastante/es*, *demasiado/a/os/as*, *todo/a/os/as*, *poco/a/os/as*, *mucho/a/os/as*.

Unos estudiantes están preparando una merienda de fin de curso.

Carlos: A ver, Pedro, ¿has comprado *bastantes* (1) patatas fritas para _____ (2)?

Pedro: Yo creo que sí, hay diez paquetes.

Carlos: Muy bien. Y tú, Laura, ¿qué has traído?

Laura: Yo he traído dos tortillas de patatas.

Carlos: ¿Sólo? Yo creo que son _____ (3).

Laura: Bueno, también hay un _____ (4) de chorizo y algo de jamón.

Carlos: Sí, pero a _____ (5) el mundo le gusta la tortilla de patatas. Bueno, Fernando, ¿tenemos bebidas?

Fernando: Sí, hay unas _____ (6) cervezas y _____ (7) refrescos.

Carlos: ¿Tú crees que hay _____ (8) bebidas?

Fernando: Sí, seguro. También he comprado veinte botellas de agua.

Carlos: ¿20 botellas de agua? Me parece _____ (9) agua, es muchísima.

B En cada frase hay un error. Búscalos y corrígelos.

1. A. ¿Qué te pasa?

   B. Me encuentro mal, creo que he comido ~~demasiado~~ gambas.   *1: demasiadas.*

2. Elena va al gimnasio todas los días.   _____

3. Estos pisos son bastantes grandes.   _____

4. Lorenzo ha traído poca patatas.   _____

5. Los vecinos son un pocos ruidosos.   _____

6. Tráeme todos libros que hay encima de la mesa.   _____

7. Fernando ha gastado demasiados dinero este mes.   _____

8. En el teatro había demasiado gente y no pudimos entrar.   _____

9. Javier, no bebas más, ya has bebido bastantes.   _____

10. Rosa es poco más amable que Pepe.   _____

11. Ya tenemos bastante libros, no traigas más.   _____

12. En mi ciudad hay poco bibliotecas.   _____

15. *Volveré pronto.*
Futuro

Situaciones

▶ Se utiliza el futuro:

a) Para hablar del futuro, con marcadores temporales como *mañana*, *la semana próxima*, *el mes que viene*, *luego*, *más tarde*, *esta noche*, *dentro de cinco años*, etc.:
  *El mes que viene no **tendré** tanto trabajo.*

b) Para hacer predicciones: *El año próximo **bajará** el precio de los pisos en Madrid.*

c) Para hacer promesas: *La semana próxima te **llamaré** por teléfono.*

▶ Suele aparecer en las oraciones condicionales reales.
  *Si tengo tiempo, **iré** a verte.*

■ Completa las predicciones de la adivina.

tener	ser	encontrar	hacer
casarse	enamorarse	conocer	

Veo que *tendrás*[1] un problema con tu jefe, pero nada grave. También veo que _____[2] a alguien especial, un extranjero, moreno, muy guapo, y te _____[3] de él. _____[4] un viaje con él…, pero…, no, no te _____[5]. _____[6] a otra persona en tu trabajo, que _____[7] tu marido y el padre de tus hijos.

¿Cómo es?

Regulares.

trabajar	comer	vivir
trabajar-**é**	comer-**é**	vivir-**é**
trabajar-**ás**	comer-**rás**	vivir-**ás**
trabajar-**á**	comer-**á**	vivir-**á**
trabajar-**emos**	comer-**emos**	vivir-**emos**
trabajar-**éis**	comer-**éis**	vivir-**éis**
trabajar-**án**	comer-**án**	vivir-**án**

Irregulares.

decir:	diré, dirás, dirá, diremos, diréis, dirán
hacer:	haré, harás, hará, haremos, haréis, harán
poder:	podré, podrás, podrá, podremos, podréis, podrán
poner:	pondré, pondrás, pondrá, pondremos, pondréis, pondrán
salir:	saldré, saldrás, saldrá, saldremos, saldréis, saldrán
tener:	tendré, tendrás, tendrá, tendremos, tendréis, tendrán
venir:	vendré, vendrás, vendrá, vendremos, vendréis, vendrán

Práctica

A **Completa las frases con el verbo en futuro.**

1. A. ¿Está el Sr. Mengotti? B. No, *llegará* a las 5. (llegar). A. Gracias.
2. ¿Puedes darme 50 euros?, te los _____ mañana. (devolver)
3. Yo creo que este año no _____ la liga el Real Madrid. (ganar)
4. Dentro de cincuenta años ya _____ medicinas contra el cáncer. (haber)
5. A. Jorge, ¿has hecho los deberes? B. No, mamá, los _____ esta tarde. (hacer)
6. Querida, a partir de ahora, yo _____ las cenas todos los días. (preparar)
7. Dentro de tres años _____ dos centros culturales nuevos en la provincia. (abrir, ellos)
8. A. ¿Qué harás con el sofá viejo? B. No sé, lo _____ en ese dormitorio. (poner)
9. El jefe ha dicho que hoy _____ más tarde. (venir)
10. ¿Tú crees que Reyes y Antonio _____ este verano? (casarse)
11. Profesor, mañana no _____ venir a clase porque tengo que ir al médico. (poder)
12. Eugenio, _____ que cambiar de trabajo, no puedes seguir así. (tener).
13. Eulalia, si no haces el trabajo bien, _____ con tus padres. (hablar, yo)

B **Completa la carta con los verbos del recuadro en futuro.**

El día 6 de enero es el día de los Reyes Magos. Los niños españoles reciben ese día juguetes y regalos que traen los Reyes, si se han portado bien durante el año anterior. Pero antes tienen que escribir una carta en la que hablan de sus deseos y promesas.

leer	pelear	quitar	protestar
ayudar		hablar	duchar
escuchar		ver	~~portarse~~

Queridos Reyes Magos:

Voy a deciros las cosas que quiero este año. Yo creo que me he portado bien, pero mi madre no está totalmente de acuerdo conmigo. Por eso os prometo que el año que viene *me portaré* [1] bien. Aquí están mis promesas.

No _____ [2] por la comida.

No me _____ [3] con mi hermana ni le _____ [4] sus videojuegos.

_____ [5] un poco todos los días antes de dormir.

En clase, _____ [6] a la profesora y no _____ [7] con los compañeros.

En casa, _____ [8] a mis padres en las tareas y no _____ [9] la tele más de una o dos horas.

Y, ahora, esto es lo que quiero: una videoconsola, un coche teledirigido, un balón firmado del Real Madrid…

Un abrazo: Miguel

16. *Si salgo pronto, iré a verte.*
Condicionales

Situaciones

▶ Usamos **si + presente de indicativo** para expresar una condición que se refiere al presente o al futuro y que nos parece probable:

Si tengo tiempo, iré a ver a Belén al hospital.

▶ La oración principal puede llevar el verbo en:

a) **Presente de indicativo:** *Si quieres te **acompaño** al médico.*

b) **Futuro:** *Si salgo pronto del trabajo, **iré** a tu casa.*

c) **Ir + a + infinitivo:** *Si no te das prisa, **vamos a perder** el tren.*

d) **Imperativo: Ven** *al cine con nosotros si estás aburrido.*

■ Completa las frases con los verbos:

llama / dile	~~portáis / iremos~~
llegamos / van a echar	necesitas / llámame

1. Si os *portáis* bien, *iremos* esta tarde al parque de atracciones.

2. Si _____ Clara, _____ que estoy enfermo.

3. Si me _____, _____.

4. Si _____ tarde otra vez nos _____ del trabajo.

¿Cómo es?

Si + verbo en presente de indicativo →	presente de indicativo
	futuro
	ir + a + infinitivo
	imperativo

A Relaciona.

1. Si arreglas tu habitación
2. Si ves a Carlos
3. Si llego pronto a casa
4. Si consigo las entradas
5. Si no te gusta tu casa
6. Si nos dan vacaciones en diciembre
7. Si no te das prisa

a) prepararé la cena.
b) véndela.
c) dale esta carta.
d) no vamos a llegar a tiempo.
e) podrás salir esta tarde.
f) iremos al teatro.
g) iremos a esquiar.

B Subraya el verbo adecuado.

1. Si mañana (_hace_/ hará) buen tiempo, iremos a la piscina.
2. Si (lloverá / llueve), coge el paraguas.
3. Si (puedes / podrás), termina el informe antes de las 6.
4. Si tus padres se (irán / van) de casa el próximo fin de semana, haremos una fiesta.
5. Si la tienda (estará / está) cerrada compramos mañana el regalo.
6. Yo te ayudaré con las matemáticas si tú me (ayudarás / ayudas) a estudiar inglés.
7. Si el vuelo (llega / llegará) tarde a Berlín, tendré que coger un taxi.
8. Ve al médico si te (dolerá / duele) tanto la espalda.
9. Si el domingo nos (levantamos / levantaremos) temprano, arreglaremos el jardín.
10. Si no me (creéis / creerás), preguntad a Roberto, él también lo vio.

C Imagina que trabajas como consejero/a en una revista. Escribe una lista de consejos para cada situación. Utiliza la lista de sugerencias como ayuda.

tomar un Gelocatil

dar un paseo

mirar en Internet

hablar con los amigos

cambiar la decoración

buscar un trabajo

llamar a alguien

matricularse en una escuela

mirar los anuncios del periódico

10 consejos para tu bienestar

1. Si tienes sobrepeso, *empieza una dieta y haz deporte*.
2. Si estás nervioso/a, _____.
3. Si te duele la cabeza, _____.
4. Si no tienes dinero, _____.
5. Si no tienes trabajo, _____.
6. Si tienes un problema emocional, _____.
7. Si quieres aprender un idioma, _____.
8. Si te encuentras solo/a, _____.
9. Si no te gusta tu casa, _____.
10. Si buscas pareja, _____.

17. *Mi mujer canta mejor que yo.*
Comparativos

Situaciones

▶ Para hacer comparaciones con adjetivos usamos *más...
que*, *menos... que* y *tan... como*.

a) *Eugenio es **más** alto **que** Óscar.*

b) *El enfermo de la habitación 14 está **peor que** ayer.*

▶ Para hacer comparaciones con nombres usamos *más...
que*, *menos... que* y *tanto/a/os/as... como*.

c) *Yo no tengo **tantos** CD **como** tú.*

▶ Para comparar con verbos utilizamos *más que*, *menos
que* y *tanto como...*

d) *Luisa come **menos que** yo.*

■ Relaciona los dibujos con las frases anteriores.

C

¿Cómo es?

Comparativos irregulares		
Adjetivos:		**Adverbios:**
grande → *mayor*	bueno → *mejor*	bien → *mejor*
pequeño → *menor*	malo → *peor*	mal → *peor*

Comparación con adjetivos
Superioridad: **más** + adjetivo + **que**
Inferioridad: **menos** + adjetivo + **que**
Igualdad: **tan** + adjetivo + **como**

Comparación con nombres
Superioridad: **más** + nombre + **que**
Inferioridad: **menos** + nombre + **que**
Igualdad: **tanto, -a, -os, -as** + nombre + **como**

Comparación con verbos
Superioridad: verbo + **más que**
Inferioridad: verbo + **menos que**
Igualdad: verbo + **tanto como**

A Completa las frases con los comparativos adecuados.

1. El trabajo de tu marido es *más* peligroso _____ el mío, por eso él gana _____ _____ yo.
2. El hospital nuevo es mucho _____ _____ el viejo.
3. Yo creo que ir siempre en coche es _____ sano _____ andar.
4. Julio Iglesias es _____ cantante _____ Alejandro Sanz.
5. En los pueblos no hay _____ contaminación como en las ciudades.
6. A mí me gusta _____ ir a la playa que a la montaña, pero mi marido prefiere la montaña.
7. El tai-chi es _____ relajante _____ el yoga.
8. En mi barrio no hay _____ parques como en el tuyo.
9. Los españoles hablan _____ alto _____ los suecos.
10. Mi hermano tiene _____ años que yo.
11. Las notas de Julio son _____ que las de Carlos, porque Julio estudia muchísimo.
12. Estas patatas no me gustan, son _____ _____ las otras, tienes que decírselo al frutero.

B Sergio es de Madrid, pero ha encontrado un trabajo nuevo en Canarias, en Las Palmas, y escribe desde allí a sus padres. Completa el mensaje.

○ ○ ○   Mensaje nuevo

Enviar   Chat   Adjuntar   Agenda   Tipo de letra   Colores   Borrador

Para: padres@correo.com

Cc:

Asunto: DE SERGIO

Hola, ¿qué tal estáis? Yo bien, me gusta mucho mi trabajo nuevo. Mi nueva jefa, Paula, es *más*$^{(1)}$ joven _____$^{(2)}$ Miguel, el jefe de Madrid, y también _____$^{(3)}$ amable, pero no tiene _____$^{(4)}$ experiencia como él. Ya he encontrado un piso para compartir; aquí los pisos no son _____$^{(5)}$ caros _____$^{(6)}$ en Madrid. La comida también es _____$^{(7)}$ barata, aunque no toda. Algunas cosas son _____$^{(8)}$ caras, es porque tienen que traerlo de la península. En cuanto a la gente, a mí me parece que es _____$^{(9)}$ abierta y simpática _____$^{(10)}$ los madrileños: mi compañero de trabajo me ha presentado ya a su familia y a sus amigos. Y el clima, ya lo sabéis: siempre es primavera. Y esto es todo de momento.
Un abrazo para todos: Sergio.

18. *El más guapo es Pablo.*
Superlativos

Situaciones

▶ Usamos los adjetivos en grado superlativo para destacar cualidades. Tenemos dos formas de superlativo:

a) **Superlativo absoluto.**

Se destaca una cualidad sin comparar. Se forma añadiendo *-ísimo* a la raíz del adjetivo o de algunos adverbios (*cerca, lejos*).

*Este chico es **listísimo**.*

*Yo no quiero ir andando, eso está **lejísimos** de aquí.*

b) **Superlativo relativo.**

Se expresa la superioridad de algo sobre todas las demás cosas de su categoría.

*Este es **el** chico **más listo** de la clase.*

*Este es **el** chico **más listo** que conozco.*

*El Ebro es **el** río **más largo** de España.*

■ Escribe el nombre de cada uno.

1. *Laura es la más alta.*
2. *Sergio es el menor.*
3. *Ana es la más estudiosa.*
4. *David es el mayor.*

¿Cómo es?

Superlativo relativo
el, la, los, las más + adjetivo
El más guapo es Pablo.

Superlativo absoluto
alto → *alt**ísimo***
rico → *riqu**ísimo***
amable → *amabil**ísimo***

Irregulares
el más pequeño / el de menos edad → el *menor*
el más grande / el de menos edad → el *mayor*
el más malo → el *peor*
el más bueno → el *mejor*

A Completa las frases con el superlativo correspondiente.

1. A. ¿Has visto al profesor nuevo? B. Sí, es *guapísimo*. (guapo)

2. A. ¿Te gusta el chocolate? B. Sí, _____. (mucho)

3. Jorge, la paella está _____, ¿cómo la has hecho? (rica)

4. ¿Sabes? Los padres de Ernesto han comprado una casa _____ al lado de la playa. (grande)

5. A. ¿Vd. Cree que mi hijo es inteligente? B. Señora, su hijo es _____, puede estudiar la carrera que quiera. (inteligente)

6. Se ve que Ramón y Lourdes están _____, solo hace tres meses que se conocen y ya se quieren casar. (enamorados)

7. A. ¿Conoces a la nueva vecina? B. Sí, es _____, ya he hablado tres veces con ella. (simpática)

8. A. Yo no voy andando, tu casa está muy lejos. B. ¡Qué va!, está _____, en 15 minutos llegamos, vamos. (cerca)

9. A mí el perro de Ángel no me gusta nada, me parece _____. (feo)

B Completa las frases con la información del recuadro.

	mayor	frío	caluroso	vendida	pequeño	grande (2)	
Sáhara	ballena azul	Amazonas	tomate	Mauna Loa	Australia	Antártida

1. El *mayor* volcán en activo es el _____, en Hawai.

2. La verdura más _____ del mundo es el _____.

3. El lugar más _____ del mundo es *Daliol, Etiopía*.

4. El animal más _____ es la _____.

5. El lugar más _____ del mundo está en la _____.

6. El desierto más _____ del mundo es el _____.

7. La isla más _____ del mundo es _____.

8. El pez más _____ es el *gobio*.

9. La selva tropical más _____ del mundo es _____.

19. *Cuando llegué a casa, Rosa se había ido.*
Pretérito pluscuamperfecto

Situaciones

▶ Usamos el pretérito pluscuamperfecto para hablar de acciones pasadas anteriores a otras también pasadas.

*Yo llegué a casa a las once y Rosa no estaba, **había salido**. (antes de las once)*

▶ Se utiliza también para hablar de una experiencia anterior:

*Antes de este verano, Raúl nunca **había estado** en un camping.*

■ Completa el siguiente diálogo:

A. El lunes vi a Jorge y lo encontré bastante deprimido.

B. ¿Y eso?

A. No estaba nada bien porque su mujer lo (dejar)[1] *había dejado* y (discutir)[2] _____ con sus hijos. Además, lo (despedir)[3] _____ del trabajo y el domingo anterior la policía le (quitar)[4] _____ el permiso de conducir por exceso de velocidad.

¿Cómo es?

yo	había
tú	habías
él, ella, Vd.	había
nosotros, -as	habíamos + **participio**
vosotros, -as	habíais
ellos, ellas, Vdes.	habían

Participios regulares
hablar → *hablado*
beber → *bebido*
salir → *salido*

Participios irregulares

abrir	→ *abierto*	hacer	→ *hecho*	romper	→ *roto*
absolver	→ *absuelto*	morir	→ *muerto*	ver	→ *visto*
decir	→ *dicho*	poner	→ *puesto*	volver	→ *vuelto*
escribir	→ *escrito*	resolver	→ *resuelto*		

Práctica

A Forma frases como las del modelo.

1. La película empezó a las 6:30. Entramos en el cine a las 6:35.

   Cuando entramos en el cine, la película ya había empezado.

2. Mi marido hizo la tesis doctoral en 1990. Yo conocí a mi marido en 1992.

   _____.

3. Tuve un hijo en 2001. Empecé a trabajar en esta empresa en 2002.

   _____.

4. Ellos comieron a las 2. Nosotros llegamos a las 4.

   _____.

5. Luis telefoneó a las 10 para dar la noticia. Joaquín llamó a las 10:15.

   _____.

6. Yo volví de Francia en marzo. Ellos fueron a Francia en abril.

   _____.

7. Julia quedó con sus amigos. Fernando la llamó para invitarla al cine.

   _____.

8. Los ladrones escaparon por la ventana. La policía llegó más tarde.

   _____.

9. Susana salió a comprar. Nosotros llegamos después.

   _____.

10. Me enteré de la boda el lunes. Rosa me llamó el martes.

    _____.

B Escribe el verbo entre paréntesis en la forma adecuada del pretérito pluscuamperfecto.

1. Ayer me encontré a Maribel y estaba muy bien.

   A. ¿Ah sí?, ¿por qué?

   B. Porque (conocer) _había conocido_ a un chico estupendo, le _____

   (subir, ellos) el sueldo, y (comprarse) _____ un piso céntrico y barato.

2. ¡Qué rica está la comida japonesa! Yo antes nunca (probar) _____ el Sushi.

3. En el crucero del año pasado, mis hijos lo pasaron mal porque antes nunca (viajar) _____

   _____ en barco.

4. ¡Qué bonito es París! Nunca (ver, yo) _____ una ciudad tan bonita.

5. Se dejó el paraguas en el restaurante, y cuando volvió a buscarlo, (desaparecer) _____

   _____ .

6. Pensaban que Rico, su perro, (perderse) _____ en la montaña, pero al llegar

   a casa, vieron que el perro (volver) _____ solo.

7. Nos alegramos mucho de ver a Ismael otra vez porque no lo (ver, nosotros) _____

   desde hacía mucho tiempo.

8. A. ¿Fuiste al cine ayer?

   B. No, porque ya (ver) _____ la película.

9. Cuando Rosa y Paco se fueron a vivir a Sevilla, Ignacio ya (terminar) _____ la

   carrera de medicina.

10. Virginia me dijo ayer que (dejar) _____ el trabajo porque estaba harta de su jefa.

C Ernesto y Rosana son brasileños, se casaron y se fueron a vivir a España. Aquí cuentan todo lo que antes de venir a España no habían experimentado.

Antes de venir a España:

1. Nunca *habían visto la nieve*.   (ver la nieve)

2. _____ .   (probar la paella)

3. _____ .   (comprarse un abrigo)

4. _____ .   (oír hablar en catalán)

5. _____ .   (tomar doce uvas en Nochevieja)

6. _____ .   (montar en metro)

7. _____ .   (jugar al mus)

8. _____ .   (ver el Museo del Prado)

20. *Tienes que estudiar más.*
Tener / hay que

▶ Usamos *tener* + *que* + infinitivo para expresar la obligación personal.

*Hoy **tengo que** hacer muchas cosas.*

*Si quieres aprobar las matemáticas, **tienes que** estudiar más.*

▶ Se usa *hay* + *que* + infinitivo cuando hablamos de obligaciones generales, para todo el mundo.

*En España no **hay que** quitarse los zapatos al entrar en una casa.*

■ Completa con *hay que* o *tener que*:

Fernán: Carlos, ¿qué *hay que* [1] hacer?

Carlos: Primero _____ _____ [2] abrir las cajas
y ver qué hay en cada una.

Fernán: Vale, eso lo hago yo.

Laura: ¿Y yo qué _____ _____ [3] hacer?

Carlos: Tú _____ _____ [4] pasar la aspiradora.

Beatriz: ¿Y yo?

Carlos: Tú _____ _____ [5] que llevar la lámpara y las sillas al dormitorio. Y vosotros dos
_____ _____ [6] que colocar el sofá en aquella pared.

… Vale, allá vamos.

¿Cómo es?

yo	tengo	
tú	tienes	
él, ella, Vd.	tiene	+ que + **infinitivo**
nosotros, -as	tenemos	
vosotros, -as	tenéis	
ellos, ellas, Vdes.	tienen	

A Subraya la opción adecuada. A veces son posibles las dos.

1. Para ser rico, *hay / tienes* que trabajar mucho.

2. Mañana no puedo venir a clase porque *hay / tengo* que ir al médico.

3. María, si quieres aprobar, *hay / tienes* que estudiar más.

4. En la vida *hay / tienes* que tener mucha paciencia con los demás.

5. Nunca *hay / tienes* que rendirse ante los problemas, *hay / tienes* que luchar.

6. Para ir a Salamanca no *hay / tiene* que pasar por Ávila obligatoriamente.

7. Cuando hay un problema en la familia, todos *hay / tenemos* que trabajar para solucionarlo.

8. Lo siento, Eva, no puedo ir a tu boda porque *hay / tengo* que quedarme con mi padre en el hospital.

9. El Ministro de Economía dice que todos los españoles *hay / tienen* que ahorrar.

10. Adiós, Rosa, me voy, que *hay / tengo* que hacer la compra.

B Olga es rusa y vive en España. Ha escrito este correo electrónico a su madre. Completa con *(no) hay que* o *tener que.*

⊖ ○ ⊖   Mensaje nuevo   ⊂⊃

Enviar Chat Adjuntar Agenda Tipo de letra Colores Borrador

Para: tatyana@correo.com

Cc:

Asunto: Querida madre

Querida madre: ¿cómo estás? Nosotros estamos bien, pero a veces te echo de menos a ti y también las costumbres de nuestra tierra. Aquí en España hay costumbres diferentes que me chocan y que (yo) *tengo que* [1] aprender. Por ejemplo, en clase, no _____ [2] levantarse cuando llega el profesor, tampoco _____ [3] hablarle de Vd., _____ [4] llamarle de tú y por su nombre. Cuando vamos a una casa de visita, _____ [5] quitarse los zapatos, será porque aquí el clima es bueno y los zapatos no están llenos de barro. Tampoco _____ [6] llevar un regalo o algo de comer cuando te invitan. Por otro lado, los españoles son muy cariñosos y siempre que ves a alguien, _____ [7] darle dos besos. En fin, creo que si voy a vivir aquí, _____ [8] adaptarme un poco a las costumbres españolas. Sin más noticias, un abrazo muy fuerte: Olga.

21. *No la he visto.*
Pronombres personales de objeto directo

► Colocación de los pronombres:

a) En la mayoría de los casos van delante del verbo y en una palabra independiente:

*Me gusta tu nuevo vestido, ¿dónde **lo** has comprado? / ¿**Nos** invitas al cine?*

b) Con el imperativo van detrás y en la misma palabra:

*Si te gusta, cómpra**lo**.*

c) Cuando el verbo va en infinitivo o gerundio, pueden ir detrás de éste o delante del verbo que los acompaña:

*Me gustan esos pantalones, voy a comprar**los** = **los** voy a comprar.*

*Esa película es muy buena, quiero ver**la** = **la** quiero ver.*

► Los pronombres de tercera persona son *lo, la, los, las*:

*¿Has visto a Pepe? Sí, **lo** he visto hace un momento en el pasillo.*

*¿Has visto a tus hermanas? No, no **las** he visto.*

Podemos utilizar *le, les*, cuando se trata de personas masculinas:

*¿Has visto a Pepe? Sí, **le** he visto hace un momento en el pasillo.*

■ Completa con pronombres *la, lo, los*.

1. A. ¿Quieres zumo de tomate?
   B. No, ____ he probado antes y no me gusta.

2. A. Ve a saludar a los abuelos de Luis, están detrás de nosotros.
   B. Ya ____ he visto antes y ____ he saludado.

3. A. Llevas una pulsera preciosa.
   B. ¿Te gusta? Me ____ regaló mi marido el año pasado.

Pronombres sujeto	Pronombres objeto directo
yo	me
tú	te
él, ella, Vd.	lo (le), la
nosotros, -as	nos
vosotros, -as	os
ellos, ellas, Vdes.	los (les), las

Práctica

A **Completa con pronombres de objeto directo.**

1. A. ¿Has visto la nueva película de Penélope Cruz?

   B. Sí, *la* vi el sábado y me gustó mucho.

2. A. ¿Dónde está el diccionario de árabe?

   B. _____ tiene el profesor en su mesa.

3. A. ¿Has hecho los deberes?

   B. No, _____ haré luego.

4. A. ¿Has llamado a tu madre?

   B. Sí, _____ llamé ayer.

5. ¿Quieres un café? _____ invito.

6. A. ¡Hola Óscar! ¿Te acuerdas de mí?

   B. Pues no, creo que no _____ conozco de nada.

   A. Sí, hombre, _____ conocimos en el viaje a Portugal el verano pasado.

7. A. ¿Has comprado ya el periódico?

   B. No, voy a comprar_____ ahora.

8. A. ¿Sabes que Paula ha alquilado una nueva casa?

   B. Sí, _____ vi el otro día y me _____ contó.

9. A. Mamá, ¿_____ quieres mucho?

   B. Sí, cariño, _____ quiero más que a nada en el mundo.

10. A. ¿Quién ha puesto las gafas ahí?

    B. _____ he puesto yo, pero en seguida _____ guardo.

11. A. ¿Sabes que Lucía está en el hospital?

    B. No, no _____ sabía, ¿quién te _____ ha dicho?

B **Sustituye las palabras subrayadas por un pronombre de objeto directo.**

1. Juan ha perdido otra vez la cartera. = *Juan la ha perdido.*

2. Hoy no he visto al profesor de matemáticas. = _____.

3. ¿Dónde has puesto los pantalones vaqueros? = ¿_____?

4. Voy a alquilar un piso en el centro. = _____.

5. Tira esas latas a la basura, están caducadas. = _____.

6. Está contando una historia muy antigua. = _____.

7. Carlitos, ponte el abrigo, que hace mucho frío. = _____.

22. ¿Le has dado el libro a Carmen?
Pronombres personales de objeto indirecto

Situaciones

► Colocación de los pronombres:

a) En la mayoría de los casos van delante del verbo y en una palabra independiente:

*¿**Me** das ese bolígrafo, por favor? / ¿Quién **te** ha dicho eso? / **Le** compraré un ramo de flores.*

b) Con el imperativo, van detrás y en la misma palabra:

*Da**me** ese bolígrafo, por favor. / Dí**melo**.*

c) Cuando el verbo va en infinitivo o gerundio, pueden ir detrás de éste o delante del verbo que los acompaña:

***Te** estoy diciendo la verdad. / Estoy diciéndo**te** la verdad.*

► Los pronombres de tercera persona son *le* y *les*:

*¿Qué **le** has comprado a Luis? / A mis hijas no **les** gusta nada ir a la playa.*

Cuando el objeto directo y el objeto indirecto son pronombres, utilizamos *se*:

¿Le has dado <u>el libro</u> <u>a Carmen</u>? = ¿<u>Se</u> <u>lo</u> has dado?

► Aunque el objeto indirecto aparezca detrás del verbo, el pronombre suele repetirse también delante:

*¿**Le** has dado el libro **a Carmen**?*

■ Completa con los pronombres del recuadro:

se	la	me

¿Dónde está tu pelota?

_____ (1) la ha quitado Lolita.

No, yo no. _____ _____ (2) ha quitado Juanito.

¿Cómo es?

Pronombres sujeto	Pronombres objeto indirecto
yo	me
tú	te
él, ella, Vd.	le (se)
nosotros, -as	nos
vosotros, -as	os
ellos, ellas, Vdes.	les (se)

Práctica

A Relaciona.

1. Mañana es el cumpleaños de María.

2. Mis vecinos me han invitado a comer.

3. No he traído el diccionario.

4. Ya he cobrado mi sueldo.

5. El profesor está enfermo.

6. ¿Qué van a tomar?

7. ¿Sabes lo que ha pasado?

8. He olvidado el paraguas.

a) Pídeselo a tu compañero.

b) ¿Por qué no le regalas unas flores?

c) Dígaselo a los alumnos.

d) Llévales una botella de vino.

e) Pues, devuélvele a Inés su dinero.

f) ¿Quieres que te preste el mío?

g) Tráiganos una ración de calamares.

h) No, no, cuéntamelo.

B Transforma como en el ejemplo.

1. María le dio la foto a Juan.   = *Se la dio.*

2. Su tío les dio los regalos.   = _____.

3. Mañana le traeré las fotos.   = _____.

4. La vecina le contó el problema.   = _____.

5. Su novio le regaló los bombones.   = _____.

6. Regala esos bombones a María.   = _____.

7. Mi hermano le compró un vestido.   =   _____.

8. Compra ese vestido a la niña.   =   _____.

9. Carlos les compró la bicicleta.   =   _____.

10. Luis le trajo las cartas.   =   _____.

11. El alumno le entregó el examen.   =   _____.

12. El profesor les dio las notas.   =   _____.

C **Completa con pronombres de objeto indirecto.**

1. A. ¿*Le* has traído a la abuela su regalo?

   B. Sí, _____ _____ he traído esta mañana.

2. A. ¿_____ has llevado a los niños la merienda?

   B. No _____ _____ llevaré más tarde.

3. A. ¿_____ has llevado a ese señor el café?

   B. Sí, ya _____ _____ he llevado.

4. A. ¿_____ prestas la calculadora, por favor?

   B. Sí, cóge_____, está sobre la mesa.

5. A. Mamá, ¿podemos ir al parque?

   B. Ya _____ he dicho que no, primero tenéis que hacer los deberes.

6. A. ¿_____ has dicho a Carlos que ayer te llamó tu ex novio?

   B. No, todavía no.

   A. Pues tienes que decír_____ _____ porque de todas formas lo va a saber.

   B. Es verdad, esta noche _____ _____ contaré todo.

7. A. ¿_____ has devuelto a José el dinero que te prestó?

   B. Sí, _____ _____ ingresé en su cuenta.

8. A. ¿Dónde has comprado esa corbata tan moderna?

   B. _____ _____ regaló mi mujer en mi cumpleaños.

9. A. ¿Quién _____ ha regalado esos pendientes?

   B. _____ compré yo cuando estuve en Atenas.

10. A. ¿Puedes prestarme tu coche este fin de semana?

    B. No, voy a salir de viaje, píde_____ _____ a Jaime.

72

11. A. ¿De quién es este bolso?

B. Es de Rosa. _____ _____ ha prestado para la fiesta.

12. A. Mira, ahí viene Juan, ¿por qué no _____ explicas lo que te pasó ayer?

B. Ya _____ _____ he dicho antes.

13. A. Te sientan muy bien esos pantalones, ¿por qué no _____ _____ llevas?

B. No, _____ llevo los negros, son más baratos.

14. A. Tengo frío, ¿_____ traes una manta?

B. Sí, claro, enseguida _____ _____ llevo.

15. A. Haz_____ un favor, Raquel, acompáña_____ a la cena de Navidad del trabajo.

B. No, no, píde_____ lo que quieras, pero eso no, ya _____ he acompañado dos veces y me he aburrido mucho.

D **Completa con los pronombres en el lugar correspondiente.**

te   me   lo

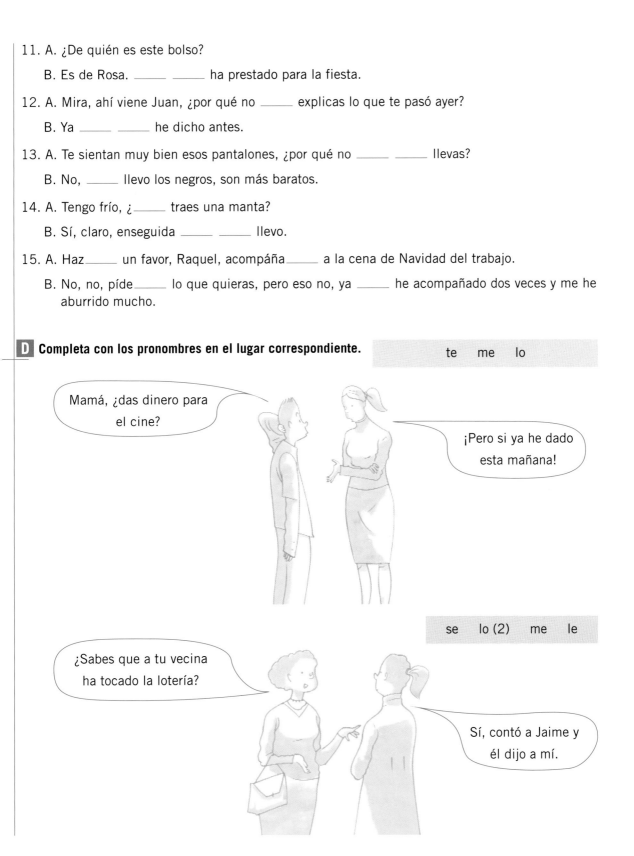

Mamá, ¿das dinero para el cine?

¡Pero si ya he dado esta mañana!

se   lo (2)   me   le

¿Sabes que a tu vecina ha tocado la lotería?

Sí, contó a Jaime y él dijo a mí.

23. ¡Ojalá llueva pronto!
Presente de subjuntivo

Situaciones

► Usamos *ojalá* (*que*) + presente de subjuntivo para expresar un deseo que
se refiere al presente o al futuro
Ojalá llegue pronto el tren.

■ Completa las frases con: llegue   toque   venga

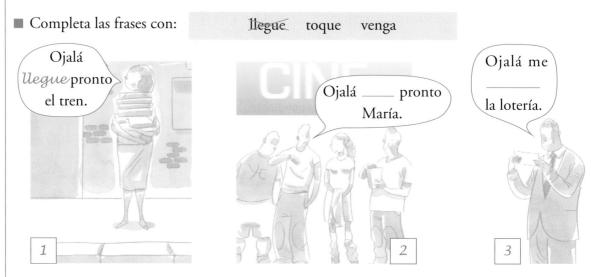

Ojalá *llegue* pronto el tren.

Ojalá ____ pronto María.

Ojalá me ____ la lotería.

1   2   3

► Habitualmente, usamos una serie de fórmulas con *que* + presente de subjuntivo para expresar
deseos positivos. Se utilizan especialmente al despedirse:
Que tengas un buen día / Que descanses.

■ Completa con estas frases: Que tengas un buen día   Que te mejores   Que tengas suerte

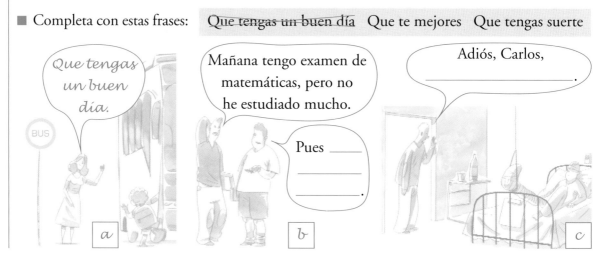

Que tengas un buen día.

Mañana tengo examen de matemáticas, pero no he estudiado mucho.

Pues ____ ____ ____.

Adiós, Carlos, ____.

a   b   c

¿Cómo es?

1. Verbos regulares.

hablar	comer	escribir
habl **-e**	com **-a**	escrib **-a**
habl **-es**	com **-as**	escrib **-as**
habl **-e**	com **-a**	escrib **-a**
habl **-emos**	com **-amos**	escrib **-amos**
habl **-éis**	com **-áis**	escrib **-áis**
habl **-en**	com **-an**	escrib **-an**

2. Verbos con la misma irregularidad vocálica que en presente de indicativo.

e → i: **pedir**	e → ie: **querer**	o → ue: **poder**
p**i**da	qu**i**era	p**ue**da
pidas	qu**i**eras	p**ue**das
p**i**da	qu**i**era	p**ue**da
p**i**damos	qu**e**ramos	p**o**damos
p**i**dáis	qu**e**ráis	p**o**dáis
p**i**dan	qu**i**eran	p**ue**dan

3. Verbos con cambios ortográficos.

	Infinitivo	Presente de subjuntivo
g → j	**coger**	co**j**a, co**j**as, co**j**a, co**j**amos, co**j**áis, co**j**an
g → gu	**llegar**	lle**gu**e, lle**gu**es, lle**gu**e, lle**gu**emos, lle**gu**éis, lle**gu**en
gu → g	**seguir**	si**g**a, si**g**as, si**g**a, si**g**amos, si**g**áis, si**g**an
c → qu	**buscar**	bus**qu**e, bus**qu**es, bus**qu**e, bus**qu**emos, bus**qu**éis, bus**qu**en

4. Cuando en presente de indicativo es irregular la primera persona, en presente de subjuntivo son irregulares todas.

Infinitivo	Pres. indicativo	Presente subjuntivo
salir	salgo	salga, salgas, salga, salgamos, salgáis, salgan
hacer	hago	haga, hagas, haga, hagamos, hagáis, hagan
decir	digo	diga, digas, diga, digamos, digáis, digan
tener	tengo	tenga, tengas, tenga, tengamos, tengáis, tengan
conocer	conozco	conozca, conozcas, conozca, conozcamos, conozcáis, conozcan
parecer	parezco	parezca, parezcas, parezca, parezcamos, parezcáis, parezcan

5. Verbos con irregularidades propias.

ser	sea	seas	sea	seamos	seáis	sean
estar	esté	estés	esté	estemos	estéis	estén
haber	haya	hayas	haya	hayamos	hayáis	hayan
ir	vaya	vayas	vaya	vayamos	vayáis	vayan
saber	sepa	sepas	sepa	sepamos	sepáis	sepan

A Completa la tabla.

yo	nosotros	ellos
1. viva	_____	_____
2. _____	vayamos	_____
3. _____	_____	vengan
4. vuelva	_____	_____
5. _____	repitamos	_____
6. _____	_____	pongan
7. duerma	_____	_____
8. _____	hablemos	_____
9. _____	_____	sigan
10. quiera	_____	_____
11. _____	tengamos	_____
12. _____	_____	piensen
13. diga	_____	_____

B Busca en la sopa de letras estas formas del presente de subjuntivo.

E	G	F	Ó	U	T	P	A	R	E	Z	C	A	P	O
M	T	W	A	S	C	O	M	P	R	E	O	Ñ	A	E
P	E	O	T	I	Á	I	P	E	L	S	J	L	V	R
I	N	H	P	O	N	G	A	S	I	T	A	O	L	T
E	G	S	I	M	U	A	V	Í	O	É	N	K	E	Á
C	A	I	D	W	E	M	R	E	B	S	A	E	U	Y
E	M	Á	A	U	S	O	S	B	D	S	V	I	V	A
N	O	R	Á	Q	E	S	T	U	D	I	E	S	A	S
L	S	E	P	A	Á	D	A	S	D	J	N	T	R	E
F	G	U	T	R	I	E	W	Q	H	A	G	A	N	P
A	É	Q	S	W	S	R	T	U	L	V	A	Y	A	N
C	O	N	O	Z	C	A	F	E	B	G	F	I	U	J

comprar, yo   ir, ellos

tener, nosotros   buscar, ella

volver, él   pedir, él

vivir, yo   venir, yo

hacer, ellos   estar, tú

poner, tú   saber, ella

querer, vosotros   empezar, ellos

parecer, él   conocer, yo

coger, ellas   estudiar, tú

ser, vosotros   oír, nosotros

C **¿Qué dices a...?**

1. Un familiar que está enfermo.

2. Alguien que está muy cansado.

3. Alguien a quien das las buenas noches.

4. Un compañero tuyo que se va de viaje.

5. Unos amigos que se casan.

6. Una amiga que va a una fiesta.

a) Que descanses.

b) Que te mejores.

c) Que te diviertas.

d) Que duermas bien.

e) Que tengas buen viaje.

f) Que seáis muy felices.

D **Completa estas frases con el verbo en presente de subjuntivo.**

1. Ojalá (aprobar, tú) _apruebes_ todas las asignaturas y (ir) _____ el año que viene a la universidad.

2. Voy a ponerle el termómetro a la niña, ojalá no (tener) _____ fiebre.

3. Ojalá hoy Juan no (llegar) _____ tarde, el jefe ya está en el despacho.

4. Hace varios días que no duermo nada, ojalá (dormir) _____ algo esta noche.

5. Ojalá (hacer) _____ buen tiempo el fin de semana, me gustaría ir a la playa.

6. Ojalá (estar) _____ abierta la tienda, no puedo volver esta tarde.

7. Ojalá les (gustar) _____ los regalos a los niños.

E **¿Qué dirías en estas situaciones?**

1. En la cola para conseguir las entradas de un concierto.
   (haber entradas)

   Ojalá _haya entradas._

2. Antes de hacer un examen.
   (ser fácil)

   _____.

3. En el cine, viendo una película muy mala.
   (terminar pronto)

   _____.

4. En tu casa, cenando con unos invitados.
   (gustarles la cena)

   _____.

5. Esperando a un amigo que llega tarde.
   (venir pronto)

24. No hagas la comida.
Imperativo

▶ Se usa el imperativo para:

a) Ordenar: ¡**Salga** de aquí ahora mismo!

b) Pedir un favor: ¡Alberto, **compra** tú el periódico!, yo no puedo. Estoy limpiando.

c) Dar instrucciones: **Siga** recto y luego **gire** a la derecha.

d) Anunciar un producto: **Compre** aquí y notará la diferencia.

▶ Todas las formas del imperativo (excepto las correspondientes a *tú* y *vosotros*) son las mismas que las del presente de subjuntivo.
*No **salga** a la calle sin el móvil, puede tener una emergencia.*

▶ La forma correspondiente a **nosotros** (*compremos, bebamos, escribamos*) no se suele utilizar. Es más habitual decir: **Vamos a comprar** unos zapatos.

■ Relaciona las imágenes con los ejemplos.

¿Cómo es?

Regulares.

	comprar		beber		escribir	
	afirmativo	negativo	afirmativo	negativo	afirmativo	negativo
(tú)	compr **-a**	no compr **-es**	beb **-e**	no beb **-as**	escrib **-e**	no escrib **-as**
(Vd.)	compr **-e**	no compr **-e**	beb **-a**	no beb **-a**	escrib **-a**	no escrib **-a**
(vosotros)	compr **-ad**	no compr **-éis**	beb **-ed**	no beb **-áis**	escrib **-id**	no escrib **-áis**
(Vdes.)	compr **-en**	no compr **-en**	beb **-an**	no beb **-an**	escrib **-an**	no escrib **-an**

Irregulares.

Generalmente, el imperativo presenta la misma irregularidad que el presente de indicativo, excepto en la persona *vosotros*.

	Presente	**Imperativo**
empezar	empiezo	(tú) empieza / no empieces (Vd.) empiece / no empiece (Vos.) empezad / no empecéis (Vdes.) empiecen / no empiecen
dormir	duermo	(tú) duerme / no duermas (Vd.) duerma / no duerma (Vos.) dormid / no durmáis (Vdes.) duerman / no duerman
pedir	pido	(tú) pide / no pidas (Vd.) pida / no pida (Vos.) pedid / no pidáis (Vdes.) pidan / no pidan

Otros irregulares.

	decir		**hacer**		**ir**		**poner**	
(tú)	di	no digas	haz	no hagas	ve	no vayas	pon	no pongas
(Vd.)	diga	no diga	haga	no haga	vaya	no vaya	ponga	no ponga
(Vos.)	decid	no digáis	haced	no hagáis	id	no vayáis	poned	no pongáis
(Vdes.)	digan	no digan	hagan	no hagan	vayan	no vayan	pongan	no pongan

	salir		**ser**		**tener**		**venir**	
(tú)	sal	no salgas	sé	no seas	ten	no tengas	ven	no vengas
(Vd.)	salga	no salga	sea	no sea	tenga	no tenga	venga	no venga
(Vos.)	salid	no salgas	sed	no seáis	tened	no tengáis	venid	no vengáis
(Vdes.)	salgan	no salgan	sean	no sean	tengan	no tengan	vengan	no vengan

Práctica

A Completa la tabla de los verbos irregulares.

	cerrar		volver		jugar		traer	
	afirmativo	negativo	afirmativo	negativo	afirmativo	negativo	afirmativo	negativo
tú	cierra	no cierres	_____	_____	_____	_____	_____	_____
Vd.	_____	_____	vuelva	no vuelva	_____	_____	_____	_____
Vos.	_____	_____	_____	_____	jugad	no juguéis	_____	_____
Vdes.	cierren	no cierren	_____	_____	_____	_____	traigan	no traigan

B Escribe las frases.

	tú	usted
1. Coger / el / teléfono.	¡Coge el teléfono!	Coja el teléfono.
2. Traer / la / cámara de fotos.	_____	_____ .
3. Darme / tu / su número de móvil.	_____	_____ .
4. Esperarme / en la puerta de la clase.	_____	_____ .
5. Hacer / ejercicio / y / comer / más verdura.	_____	_____ .
6. Cerrar / el libro.	_____	_____ .
7. Pasar / por allí.	_____	_____ .
8. Venir / a mi casa.	_____	_____ .
9. Ir / al médico.	_____	_____ .
10. Tener / cuidado.	_____	_____ .
11. Esperar / un momento.	_____	_____ .
12. Traer / el pan.	_____	_____ .
13. Poner / la mesa.	_____	_____ .

C María Victoria es profesora en una escuela infantil y se pasa el día dándoles órdenes a sus alumnos. Escribe la forma adecuada del imperativo.

pelearse	escribir (2)	~~pintar~~	salir	bajar	leer	venir	comer

1. Li, no le *pintes* la cara a Rosana.

2. Roberto, David, no os _____.

3. Mohamed, _____ de la silla.

4. Ana, _____ en tu cuaderno, no en el de tu compañero.

5. Álex, no _____ en la mesa.

6. Luisa, no te _____ ahora el bocadillo.

7. Iván, _____ el cuento.

8. Vosotros dos, _____ aquí ahora mismo, que voy a hablar con vosotros.

9. Es la hora del recreo, _____ al patio, a jugar.

D Escribe la forma negativa.

1. Enciende la tele.   *No enciendas la tele.*

2. Empieza ya.   No _____ todavía.

3. Sube al autobús.   _____.

4. Sal de casa.   _____.

5. Pon la lavadora en marcha.   _____.

6. Di la verdad.   _____.

7. Llama a Joaquín.   _____.

8. Haz los ejercicios.   _____.

9. Vuelve mañana.   _____.

10. Come más chocolate.   _____.

11. Paga tú las bebidas.   _____.

12. Pide otra bebida.   _____.

13. Ven antes de las diez.   _____.

14. Ve a casa de Rodolfo.   _____.

15. Trae más patatas.   _____.

25. *No se lo digas a nadie.*

Imperativo + pronombres

Situaciones

▶ Colocación de los pronombres:

a) Con el imperativo afirmativo los pronombres se colocan detrás y en la misma palabra: *¿Por qué has cerrado la ventana? Ábre**la**, por favor. | Siénta**te**.*

b) Con el imperativo negativo los pronombres van entre la negación y el verbo, formando palabras independientes: *No **la** abras, tengo mucho frío. | No **te** sientes ahí, está sucio.*

▶ Cuando es necesario utilizar los pronombres de objeto directo y objeto indirecto el orden es:

> Imperativo afirmativo + O.I. + O.D.
>
> *Dáselo*

> Negación + O.I. + O.D. + imperativo negativo
>
> *No se lo des*

■ Completa con los pronombres:

| se | lo | los (2) | te (2) |

Si no te quedan bien los pantalones, no *te* ⁽¹⁾ ___ ⁽²⁾ compres.

Cómpra___ ⁽³⁾ ___ ⁽⁴⁾, son muy baratos.

Es un secreto, no ___ ⁽⁵⁾ ___ ⁽⁶⁾ digas a nadie.

Práctica

A **Completa.**

1. ¿Abro la puerta? *Sí, ábrela.* *No, no la abras.*
2. ¿Enciendo el ordenador? _____. _____.
3. ¿Ordeno mi cuarto? _____. _____.
4. ¿Hago ese ejercicio? _____. _____.
5. ¿Se lo cuento a mi hermana? _____. _____.
6. ¿Se lo pregunto al profesor? _____. _____.
7. ¿Se lo doy a María? _____. _____.

B Completa con los pronombres del recuadro.

me   te   se   os   la   lo

1. ¡Siénta*te*!

2. Da___ la patita, vamos, dá___ ___.

3. ¡Túmba___!

4. Quéda___ ahí, no ___ levantes.

5. Toma, cóge___.

6. Niños, levanta___ ya, vais a llegar tarde al colegio.

7. Láva___ bien la cara y péina___ antes de salir.

8. Levánte___ ya, señora, la película ha terminado.

9. No ___ preocupe por la caspa, láve___ el pelo con este champú y verá qué bien le queda.

10. Siénten___, por favor, el director les recibirá enseguida.

C Completa con pronombres.

1. A. ¿Qué hago, le presto el dinero a Rosa?

   B. No *se* _____ prestes, seguro que no te lo devuelve.

2. A. ¿Puedo probarme la falda?

   B. Sí, claro, pruébe_____.

3. A. ¿Qué vestido llevo a la cena?

   B. Pon_____ el rojo, es muy elegante.

4. No me cabe el móvil en el bolso, guárda_____ en el tuyo, por favor.

5. A. ¿Preparo ya la merienda de los niños?

   B. No, no _____ _____ prepares, aún no han terminado los deberes.

6. A. ¿Qué van a tomar de primero?

   B. Traíga_____ una paella para dos.

7. A. ¿Por qué no quedamos el fin de semana?

   B. Vale, lláma_____ el viernes y hablamos.

8. Niños, no _____ acostéis tarde esta noche, mañana tenéis que levantaros temprano.

D Ordena los siguientes mandatos.

1. el libro / Da / a tu compañero / le.   *Dale el libro a tu compañero.*

2. No / compréis / le / a la niña / esos juguetes.   _____.

3. le / la verdad / Digan / a la policía.   _____.

4. los pasteles / Llevad / a los abuelos / les.   _____.

5. dejen / les / No / salir / a esta hora.   _____.

6. Trae / un vaso de agua / me / por favor.   _____.

7. se / Siente / en esa silla.   _____.

8. No / levantéis / tarde / os.   _____.

9. No / chocolate / des / a Roberto / le.   _____.

10. preste / a ese jugador / No / más dinero / le.   _____.

11. corbata / Compra / le / esa / a José Luis.   _____.

E Completa con los siguientes pronombres en su lugar correspondiente. Algunos debes usarlos más de una vez.

se   te   lo   la   los

1. Ángel: ¡Vamos, devuélvese_____(1)!

   Demonio: No _____(2) _____(3) devuelvas, puedes comprar_____(4) muchas cosas con ese dinero.

2. – Mamá, ¿puedo llevarme el cubo y la pala a la playa?

   – Sí, cariño, cóge_____(5), están en la terraza. Y en tu habitación está el bañador rojo, pón_____(6) .

   – ¿Y la toalla?

   – Está en el primer cajón, guárda_____(7) en la bolsa de la playa.

F Isabel y su marido han salido una semana de vacaciones y en la casa se ha quedado su hija. Completa la nota que ha escrito Isabel con instrucciones. Utiliza los verbos del recuadro y los pronombres necesarios.

El lavavajillas ya está arreglado, _ponlo_(1) cada dos días y no _____
_____(2) de sacar los platos y guardarlos. Recuerda también que tienes que bajar la basura todos los días, pero no ___ _____(3) antes de las 8.

Cuida las plantas, por favor, _____(4) todas las noches.
He lavado tus dos blusas nuevas, _____(5) en la terraza y
_____(6) con cuidado.

Y recuerda que el abuelo está preocupado porque te quedas sola,
_____(7) todos los días antes de acostarte.
Muchos besos, cariño, que lo pases bien. Isabel.

poner
hacer
olvidar
llamar
tender
regar
planchar

26. *Necesito que vengas hoy.*

Deseo y necesidad con infinitivo y subjuntivo

Situaciones

▶ Detrás de verbos de deseo (*querer*) y necesidad (*necesitar*) utilizamos:

a) Infinitivo, cuando el sujeto de los dos verbos es el mismo:

Quiero (yo) **estudiar** *(yo) medicina.*

Necesito (yo) **encontrar** *(yo) trabajo.*

b) *Que* + subjuntivo. Cuando el sujeto de los dos verbos es distinto:

Quiero (yo) **que estudies** *(tú) medicina.*

Necesito (yo) **que** *Juan* **encuentre** *(Juan) pronto un trabajo.*

▶ También utilizamos estos verbos para ofrecer ayuda:

¿Quieres que te ayude? | ¿Necesitas que te ayude?

■ Relaciona estas frases con las ilustraciones.

1. *Necesito que vengas a buscarme.* ___a___

2. *No quiero que te pongas ese vestido.* _____

3. *Quiero cambiarme de casa.* _____

4. *Necesito dormir un poco más.* _____

5. *Mamá, necesitamos que nos ayudes con los deberes.* _____

6. *¿Quieres que te acompañe al médico?* _____

Práctica

A Completa la conversación con los verbos en infinitivo o presente de subjuntivo.

– ¿Jaime?, soy Pablo, llegaré esta noche a Alicante, sobre las 10. Oye, quiero (pedir, a ti) *pedirte*⁽¹⁾ un favor; necesito (comprar, tú, a mí) _____⁽²⁾ algo de comida, es que no quiero (tener, yo) _____⁽³⁾ el frigorífico vacío cuando llegue... Sí, claro, se lo das al portero. ¿De acuerdo?... ¿Quieres (llevar, a ti) _____⁽⁴⁾ algo del aeropuerto?... ¿Unos bombones?... ¿Un perfume para tu mujer?... ¿Quieres (elegir, yo) _____⁽⁵⁾? Vale, no hay problema... No, no necesito (venir, tú) _____⁽⁶⁾ a buscarme, no te preocupes, cogeré un taxi.

B Estos son los deseos de Enrique para el próximo año. Forma las frases correctas utilizando infinitivo o *que* + subjuntivo.

comprarme mis padres un coche	ganar más dinero
sacarme el carnet de conducir	regalarme mi novia un móvil nuevo
mis amigos llamarme para salir	ir de vacaciones a Mallorca
ganar mi equipo la liga	

1. *Quiero que mis padres me compren un coche.*
2. _____ .
3. _____ .
4. _____ .
5. _____ .
6. _____ .
7. _____ .

C ¿Y tú qué deseas para el próximo año? Escribe tres deseos.

1. _____ .
2. _____ .
3. _____ .

27. *No tengo hijos.*
Uso y ausencia de los artículos

Situaciones

▶ Se usan los artículos determinados (*el*, *la*, *los*, *las*):

a) Cuando hablamos de algo que conocemos o se ha mencionado: *Ya ha venido **el** cartero.*

b) Con el verbo *gustar*: *¿Te gusta **el** vino?*

c) Con los días de la semana: *Yo como con mis padres todos **los** domingos.*

d) Con los nombres propios, delante de las formas de tratamiento, si no son vocativos:
   ***El señor Pérez** no vendrá hoy.* Pero: *Señor Pérez, ¿puede venir un momento?*

e) Con nombres abstractos: ***La salud** es lo más importante.*

f) Con nombres que designan personas o cosas únicas: ***El Papa** está enfermo.*

g) Cuando hablamos de las cosas como un "todo" y con nombres no contables:
   ***Los españoles** hablan muy alto.*

▶ Se usan los artículos indeterminados (*un*, *una*, *unos*, *unas*):

a) Cuando hablamos de algo por primera vez: *Ha venido **un** cartero nuevo.*

b) Cuando hablamos de la existencia de algo, con el verbo *haber*: *Aquí hay **una** farmacia.*

c) Con valor de "indefinido", "indeterminado": *He traído **unas** magdalenas para desayunar.*

d) Para hablar de una cantidad aproximada: *Tengo **unos** veinte euros.*

▶ No se usa artículo:

a) Cuando se habla de la profesión: *Mi hermano es médico.*
   Pero: *Miguel es un médico estupendo.*

b) Cuando el nombre se refiere a una cantidad indefinida:
   No he comprado manzanas. / Ellos beben cerveza. / No tienen coche.

■ Relaciona cada frase con la ilustración.

1. *Pedro Pérez es cantante.* _____

2. *Alejandro Sanz es **un** cantante muy famoso.* _____

A Escribe un artículo determinado o indeterminado, si es necesario. En algunas frases se pueden usar dos artículos. ¿En qué varía el significado de cada una de estas frases?

1. Antonio y Ana volvieron el domingo por *la* tarde.

2. Jaime no sabe tocar _____ guitarra.

3. Carmen está deprimida porque no tiene _____ trabajo.

4. A Roberto le gustan mucho _____ deportes.

5. Necesito _____ harina para hacer una tarta.

6. Rocío tiene _____ pelo negro y _____ ojos oscuros.

7. _____ Maite, te presento a _____ Carolina.

8. _____ Señor Martínez, le presento a _____ señora directora.

9. _____ naranjas tienen mucha vitamina C.

10. Ayer vi a _____ amigos de Luisa.

11. Jesús está escuchando _____ música clásica.

12. ¿Te gusta _____ ver _____ tele?

13. ¿Conoces a _____ médico de mi barrio?

14. _____ australianos comen _____ carne de canguro.

15. ¿Conoces a _____ buen médico del corazón?

16. ¿Tienes _____ dinero para entrar al cine?

B En los siguientes titulares hemos quitado los artículos. Colócalos de nuevo si es necesario.

1. El Tribunal Supremo ha puesto *una* multa de 300.000 euros a _____ constructor inmobiliario.

2. _____ joven muere asesinada en _____ parque de Oviedo.

3. _____ 26 de septiembre, día europeo de las lenguas.

4. Ayer empezó _____ Copa de _____ Mundo de _____ fútbol.

Gramática

28. *El bolso y la bolsa.*
Género de los nombres

Situaciones

▶ Son de género **masculino**:

a) Las palabras que se refieren a personas masculinas o animales
de sexo masculino: *el padre, el niño.*

b) Los nombres de los días de la semana y de los meses del año: *el lunes, el próximo enero.*

c) La mayoría de los nombres de cosas que terminan en *-o*: *el piso, el libro.*
Pero son femeninos algunos como *la mano, la moto, la foto, la radio.*

d) La mayoría de los sustantivos que terminan en *-or*: *el dolor, el amor, el color.*
Pero son masculinos algunos como *la flor.*

▶ Son de género **femenino**:

a) Las palabras que se refieren a personas femeninas o animales
de sexo femenino: *la madre, la niña.*

b) Los nombres de las letras del alfabeto: *la a, la b, la c.*

d) La mayoría de los nombres de cosas que terminan en *-a*: *la casa, la silla.*
Pero son masculinos algunos como *el tema, el problema, el mapa, el sofá, el idioma.*

e) La mayoría de los nombres que terminan en *-ción, -sión*: *la canción, la pasión.*

■ Subraya la opción correcta.

1. (*La* / EL) lunes que viene no voy al gimnasio, tengo muy (*poco* / *poca*) tiempo.

2. (*La* / *El*) color rosa es mi (*favorito* / *favorita*).

3. Me gusta mucho (*el* / *la*) foto que me hiciste.

4. No me gustan nada (*los* / *las*) manzanas (*rojos* / *rojas*).

5. Ten cuidado, (*ese* / *esa*) silla está (*roto* / *rota*).

6. (*Ese* / *Esa*) problema es muy difícil.

▶ Los nombres de **profesiones** acabados en *-ista* o en *-ante* pueden ser masculinos y femeninos. El artículo y el adjetivo indican la diferencia:
el periodista / *la periodista; el pianista* / *la pianista; el cantante* / *la cantante;*
el estudiante / *la estudiante.*

■ Completa con *el* o *la*.

1. ___ taxista. 2. ___ taxista. 3. ___ cantante. 4. ___ cantante.

► Algunas palabras pueden ser masculinas y femeninas, pero cambian de significado según su género: *bolso / bolsa; ramo / rama*:

■ Completa las frases.

1. ___ bolso de María es precios___. 2. Est___ bolsas son muy pesad___.

3. Est___ ramo de flores es para ti. 4. Se ha roto ___ rama del árbol.

► Algunas veces los nombres cambian de forma según el género.
rey / reina; yerno / nuera; macho / hembra; caballo / yegua; gallo / gallina; toro / vaca, etc.

■ Relaciona.

  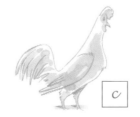 

1. La gallina. ___ 2. El gallo. ___ 3. La reina. ___ 4. El rey. ___

Práctica

A Subraya la opción correcta.

1. A. ¿Dónde está tu hermano?, (*este* / *esta*) semana no lo he visto.

   B. Es que está (*enfermo* / *enferma*) y no ha salido de casa.

2. A. ¿De dónde vienes?

   B. De las rebajas, me he comprado (*un* / *una*) (*bolso* / *bolsa*) (*negro* / *negra*) de piel (*precioso* / *preciosa*).

3. ¿Me da (*un* / *una*) (*bolso* / *bolsa*), por favor, para guardar (*el* / *la*) compra?

4. A. ¿Dónde está Inés?

   B. Está sentada en (*el* / *la*) sofá, dice que está muy (*cansado* / *cansada*).

5. A. ¿Qué le ha pasado a Joaquín?

   B. Que ha tenido (*un* / *una*) accidente con (*el* / *la*) moto y se ha roto (*un* / *una*) pierna.

6. A. ¿Quién es Maruja Torres?

   B. (*Un* / *Una*) periodista muy conocida que escribe en (*el* / *la*) periódico "El País" (*los* / *las*) domingos.

7. A. ¿Qué te pasa? ¿Por qué no quieres ir a (*el* / *la*) playa?

   B. Tengo (*un* / *una*) dolor de cabeza terrible.

B Subraya y corrige los errores de género que hay en este texto; son ocho.

La pasado viernes, a las tres de la madrugada, una conductor borracho atropelló a dos jóvenes que salían de un discoteca. La policía detuvo inmediatamente al conductor, que dijo que había tomado varios bebidas alcohólicos y que no había visto a los jóvenes.

El abogado de los dos víctimas ha comunicado a el prensa que pedirá al juez la ingreso en prisión del detenido.

1. La pasado - El.

2. _____

3. _____

4. _____

5. _____

6. _____

7. _____

8. _____

C Completa la tabla con estos nombres.

~~río~~   tema   problema   mano   idioma   canción   periodista   juez   rana
playa   artista   calor   rey   estudiante   manzana   masajista   atleta   moto
valor   participante   plátano   dolor   habitación   radio   profesión   mártir   turista

Palabras de género masculino (*el*)	Palabras de género femenino (*la*)	Palabras de género masculino y femenino (*el / la*)
río		

D Relaciona.

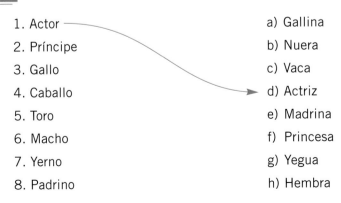

1. Actor
2. Príncipe
3. Gallo
4. Caballo
5. Toro
6. Macho
7. Yerno
8. Padrino

a) Gallina
b) Nuera
c) Vaca
d) Actriz
e) Madrina
f) Princesa
g) Yegua
h) Hembra

29. *Cuando tenga tiempo, iré a verte.*
Oraciones temporales

Situaciones

▶ Usamos *cuando* + subjuntivo en las oraciones temporales que expresan futuro:
Cuando tenga tiempo, iré a verte.
Te enseñaré el vestido cuando vengas a casa.
Llámame cuando necesites algo.

▶ Usamos *cuando* + indicativo para expresar presente o pasado:
Cuando salgo del trabajo, me gusta dar un paseo.
Yo vivía en una casa muy grande cuando era pequeño.

▶ Usamos *cuándo* + indicativo en las oraciones interrogativas:
¿Cuándo vas a venir a verme?
¿Tú sabes cuándo llega el próximo tren?

■ Relaciona las frases con los dibujos.

1. Compraré esa moto cuando empiece a trabajar. _____b_____

2. Compré esta casa cuando me trasladaron a Barcelona. _____

3. Cuando estoy nerviosa, me doy una ducha. _____

4. ¿Cuándo han enviado estas flores? _____

Práctica

A **Relaciona.**

1. Cuando me duele la cabeza,…

2. Me iré a vivir al campo,…

3. Cuando tenga tiempo,…

4. Cuando llegó su madre,…

5. Cuando vivamos juntos,…

6. ¿Te llamó Javier,…

7. Me enfadé mucho,…

a) …cuando me jubile.

b) …cuando supe la verdad.

c) …me tomo una aspirina.

d) …tendremos menos gastos.

e) …cuando llegó al aeropuerto?

f) …ordenaré la habitación.

g) …estábamos bañando a los niños.

B **Completa estas frases con el verbo en el tiempo adecuado.**

1. A. ¿Cuándo (venir) _vendrá_ Jorge? B. El mes que viene.

2. A. ¿Cuándo (conocer, tú) _____ a mi hermano?

   B. Cuando (trabajar, nosotros) _____ en el banco.

3. A. ¿Cuándo se (estropear) _____ el ascensor?

   B. Esta mañana.

4. Os compraréis el coche cuando (tener, vosotros) _____ trabajo.

5. Cuando me (tocar) _____ la lotería, dejaré de trabajar.

6. Se queda solo en casa cuando sus padres se (ir) _____ de vacaciones.

7. Cuando la policía (llegar) _____ , los ladrones ya habían huido.

8. Cuando (vivir, nosotros) _____ en Madrid, íbamos al parque del Retiro todos los días.

9. A. ¿Cuándo (ir) _____ a contarme lo que ocurrió en la fiesta?

   B. Cuando (venir) _____ a verme.

10. Pásame el diccionario cuando (terminar) _____ con él, por favor.

11. Yo nunca tomo alcohol cuando (conducir) _____ .

12. Cuando (volver) _____ Carlos preparé la comida.

13. Cuando (estar) _____ en México, vi muchas pirámides aztecas.

14. Cuando (volver, tú) _____ a casa, tienes que llamar a Eduardo.

C Subraya la opción correcta.

1. Devuélveme el dinero *cuando* / *si* puedas, no me hace falta.

2. *Cuando* / *Si* no puedes prestarme tú el dinero, se lo pediré a Julia.

3. *Cuando* / *Si* llegamos a tiempo, cogeremos el tren de las 10.

4. No lo olvides, Clarita, llámanos *cuando* / *si* llegues.

5. *Cuando* / *Si* vengas a casa, prepararé tu plato favorito.

6. *Cuando* / *Si* vienes el domingo a comer, haré una paella.

7. *Cuando* / *Si* ves a Joaquín, dile que lo estoy buscando.

8. Dice el mecánico que me arreglarán el coche *cuando* / *si* tengan tiempo.

9. *Cuando* / *Si* tienes tiempo, ve tú a llevar a la niña al colegio.

10. *Cuando* / *Si* no te gusta ese vestido, no lo compres.

11. *Cuando* / *Si* éramos jóvenes, vivíamos mejor.

12. *Cuando* / *Si* vuelvo a verle, le doy mi teléfono.

D Contesta las preguntas utilizando *cuando* + subjuntivo, como en el ejemplo.

1. ¿Cuándo vas a venir a mi casa? (tener tiempo) *Cuando tenga tiempo.*

2. ¿Cuándo vamos a vernos otra vez? (volver a Valencia) _____.

3. ¿Cuándo vamos a ver esa película? (acabar los exámenes) _____.

4. ¿Cuándo vas a apuntarte a un gimnasio? (cobrar este cheque) _____.

5. ¿Cuándo vas a terminar la carrera? (dejar de trabajar) _____.

6. ¿Cuándo te comprarás una casa? (casarme con mi pareja) _____.

7. ¿Cuándo vas a tener hijos? (cumplir 30 años) _____.

8. ¿Cuándo vas a cambiar de trabajo? (encontrar un puesto mejor) _____.

9. ¿Cuándo te vas a jubilar? (ahorrar más dinero) _____.

E De las frases siguientes, 6 son incorrectas. Encuéntralas y corrígelas.

1. Cuando puedes, pásate por casa de Elena. _____ .

2. Mi hermano se divorció cuando conoció a Rosa. _____ .

3. Llámame cuado necesitas algo. _____ .

4. Podrás volver a trabajar cuando te lo dice el médico. _____ .

5. Cuando llame Antonio no le digas que estoy aquí. _____ .

6. Cuando viste a Marina dale recuerdos de mi parte. _____ .

7. Cuando llamé a Luisa no la encuentro. _____ .

8. ¿Cuándo vas a hacer los deberes? _____ .

F Completa con los verbos en el tiempo adecuado.

Cuando (aprobar) *apruebe* (1), el carné de conducir, le (pedir) _____ (2) el coche a mi padre.

Cuando mi jefe me (ascender) _____ (3), me (comprar) _____ (4) un coche y no (volver) _____ (5) a coger el metro.

Cuando (terminar) _____ (6) los exámenes (dar) _____ (7) una fiesta.

¿Dónde irá tanta gente? Cuando (volver) _____ (8) al pueblo y (contar) _____ (9) esto, no se lo van a creer.

Cuando (llegar) _____ (10) a casa, (poner) _____ (11) la calefacción.

30. *Te llamo para que me digas la verdad.*
Oraciones finales

Situaciones

▶ Para expresar **finalidad** utilizamos:

a) *Para* + infinitivo si el sujeto de los dos verbos es el mismo.

He venido (yo) **para contarte** *(yo) algo muy importante.*

b) *Para que* + subjuntivo cuando el sujeto de los dos verbos es distinto.

He venido (yo) **para que me cuentes** *(tú) algo muy importante.*

▶ En las oraciones interrogativas que preguntan por la finalidad utilizamos siempre *para qué* + indicativo.

¿Para qué has venido?

■ Relaciona las siguientes frases con las ilustraciones:

1. *Han venido a Madrid para ver el Museo del Prado.* _____

2. *María ha entrado en el salón para saludar a sus padres.* _____

3. *Han ido al zoo para que los niños vean al oso panda.* _____

4. *Te llamo para que me des el teléfono de Carmen.* _____

98

Práctica

A **Relaciona.**

1. ¿Para qué llamas a Inés?

2. ¿Para qué vienes a estas horas?

3. ¿Para que has comprado ese diccionario?

4. ¿Para qué te pones ese vestido?

5. ¿Para qué quieres ese dinero?

6. ¿Para qué riegas tanto esa planta?

7. ¿Para qué tomas esa pastilla?

a) Para que me prestes dinero.

b) Para comprar un regalo.

c) Para ir a la fiesta.

d) Para que crezca rápidamente.

e) Para traducir el libro de inglés.

f) Para saber cómo está.

g) Para que me quite el dolor de cabeza.

B **Completa con el verbo en infinitivo, indicativo o subjuntivo.**

1. A. ¿Para qué (abrir) *has abierto* la ventana?

   B. Para que (salir) _____ el humo.

2. A. ¿Para qué te (esconder) _____ ?

   B. Para que no me (ver) _____ Alicia.

3. A. ¿Para qué (ir) _____ al banco?

   B. Para (ingresar) _____ el dinero.

4. A. ¿Para qué (hacer) _____ deporte?

   B. Para (estar) _____ sano.

5. Apaga el móvil para que no (sonar) _____ en el cine.

6. Ve a la farmacia para (comprar) _____ las medicinas.

7. Cómprate otra cartera para (ir) _____ a la universidad.

8. Regálale unas flores para que te (perdonar) _____ .

9. Llama a tu madre para que (saber) _____ que has llegado bien.

10. A. ¿Para qué (escribir) _____ a Luis?

    B. Para (enviar a él) _____ mi nueva dirección.

11. Llama tú al restaurante para (hacer) _____ la reserva.

C Mira el dibujo y contesta la pregunta.

¿Para qué sirve una bufanda?

~~hacer un turbante~~	taparse / los ojos
abrigarse / el cuello	comer en el campo

1. *Para hacer un turbante* .

2. _____ .

3. _____ .

4. _____ .

¿Para qué sirve un sombrero?

los pájaros / hacer / un nido	poner / unas flores
el gato / tomar / la leche	el mago / sacar / las palomas

1. _____ .

2. _____ .

3. _____ .

4. _____ .

D Completa las frases con *porque / para / para que.*

1. Luisa se ha teñido el pelo para *parecer más joven* .

2. Juanjo se ha apuntado a un gimnasio _____.

3. Hemos comprado un ordenador _____.

4. Beatriz ha vendido su casa _____.

5. Mi jefe me ha llamado _____.

6. Mis compañeros se han reunido _____.

7. Estoy a régimen _____.

8. El fontanero ha cortado el agua _____.

9. Hemos instalado el aire acondicionado _____.

10. Su padre le ha castigado _____.

E Completa con los verbos del cuadro.

| ~~pedir~~ | ver | ir | hacer | llevar | querer | recoger |

A. ¿Diga?

B. Hola Raquel, ¿qué tal? Verás, te llamo para *pedirte* (1) un favor. Es que el próximo fin de semana voy a Asturias y necesito que me prestes algunas cosas.

A. ¿Y para qué _____ (2) a Asturias?

B. Para _____ (3) senderismo, voy a los Picos de Europa. Bueno, también voy para _____ (4) a mi prima Irene, que se casó hace dos meses.

A. ¿Qué es lo que necesitas?

B. Unas botas de montaña y una mochila.

A. Las botas te las puedo dejar, pero la mochila no sé, la tiene mi hermana. ¿Quieres que la llame para que la _____ (5) a tu casa?

B. No, no hace falta, voy yo a buscarla mañana por la mañana.

A. Vale, después vienes aquí, estaré hasta las dos.

B. ¿Para qué _____ (6) que vaya a tu casa?

A. Pues para que _____ (7) las botas, ¿no? ¿Ya te has olvidado?

31. *Dijo que estaba enfermo.*
Estilo indirecto (informativo)

Situaciones

► Usamos el estilo indirecto para repetir la información que una persona ha dicho a otra.

Sr. Martínez: Necesito el informe del departamento de contabilidad del mes de enero.

*Secretaria: El Sr. Martínez **dice** que **necesita el informe del mes de enero**.*

Dpto.: Enseguida se lo llevamos.

► Al repetir la información pueden cambiar el tiempo verbal y la persona.

a) Cuando el verbo *decir* está en presente, el tiempo verbal no cambia:

*Dice que **necesita** el informe de contabilidad.*

b) Cuando el verbo *decir* está en pretérito indefinido, imperfecto o pluscuamperfecto, cambia el tiempo verbal:

*El Sr. Martínez dijo ayer que **necesitaba** el informe de contabilidad.*

c) Cuando el verbo *decir* está en pretérito perfecto podemos mantener el mismo tiempo verbal o cambiarlo:

*El Sr. Martínez ha dicho esta mañana que **está** / **estaba** enfermo.*

► Además de cambiar el tiempo verbal, a veces hay que hacer otros cambios en la información que se repite, sobre todo en pronombres, pronombres posesivos y expresiones espaciales o temporales:

"No me gusta **tu** vestido." → *Dice que no le gusta **mi** vestido.*

"**Ayer te** vi en el parque." → *Dijo que **anteayer me** había visto en el parque.*

■ Completa con estas palabras:

había comprado   he comprado   que

He ido a la juguetería y _____ los regalos para los niños.

Mira lo que he traído.

¡Pero si te dije el otro día _____ había ido a la juguetería y _____ los regalos!

20 DIC

1

26 DIC

2

¿Cómo es?

Para transmitir la información que una persona ha dicho a otra usamos un verbo como *decir*, *contar*, etc. + *que* + información que repetimos.

Estilo directo ("…………")	Estilo indirecto en pasado (*ha dicho / dijo / decía / había dicho…*)
Presente Pretérito imperfecto	Pretérito imperfecto
Pretérito perfecto Pretérito indefinido	Pretérito pluscuamperfecto / indefinido
Pretérito pluscuamperfecto	Pretérito pluscuamperfecto

Práctica

Pues yo creo que es una locura, es muy difícil encontrar un buen trabajo, creo que tienes que esperar un poco, a lo mejor te suben el sueldo.

A Completa el texto.

Margarita quiere dejar su trabajo y pide opinión a sus amigos. Cuando llega a casa se lo cuenta a su compañera de piso.

A mí me parece bien porque ganas muy poco dinero y trabajas muchas horas.

Rafa dice que a él _____(1) parece bien porque _____(2) muy poco dinero y _____(3) muchas horas, pero Roberto piensa que es una locura y que _____(4) que esperar un poco, que a lo mejor _____(5) suben el sueldo.

B Transforma en estilo indirecto.

1. "Mañana iré al mercado si tengo tiempo".
   Mamá dice que *mañana irá al mercado si tiene tiempo.*

2. "Te acompañaré al partido si me ayudas a terminar los deberes".
   Alberto dice que _____.

3. "Quedamos a las siete en la puerta de tu casa".
   María me ha dicho que _____.

4. "No he ido hoy a trabajar porque me encontraba muy mal, me dolía la cabeza y tenía fiebre".
   El Sr. Martínez dijo que _____.

5. "El año que viene voy a estudiar inglés y a sacarme el carné de conducir".
   Carlos me contó el año pasado que _____.

6. "¡Me encanta esta casa, es lo que siempre había soñado!".
   Mi hermana dijo que _____.

7. "No te di mi teléfono porque estaba estropeado".
   Mi compañera me dijo que _____.

8. "Javier y yo sabíamos que tenían problemas económicos".
   Una vecina me contó que _____.

9. "Cuando era pequeña vivía en un pueblo muy pequeño. En nuestra casa no teníamos agua, teníamos que ir a la fuente todos los días. Fue allí donde conocí a tu abuelo".
   La abuela me había contado que _____
   _____.

10. "Yo apagué todas las luces y cerré las puertas con llave antes de irme".
    El vigilante dijo que _____.

Raquel y Elena están en una fiesta de antiguos alumnos de su instituto.

> Me casé con Luisa cuando terminamos la carrera... Yo hice medicina y ella biología. Tenemos dos niños estupendos.

> No me matriculé en la facultad, me fui a China y estuve viviendo allí durante cinco años. Ahora trabajo en una agencia de viajes.

> Claudia se divorció el año pasado, ahora está en el hospital, ha tenido un accidente de tráfico.

> Yo estoy casada con mi trabajo, me dedico a la política. Hace más de diez años que vivo en Bruselas.

Al día siguiente, las dos comparten la información sobre sus antiguos compañeros:

Raquel: ¿Qué te contó Eduardo?

Elena: Que _____ (1) con Luisa cuando _____ (2).

Raquel: ¿Y qué estudiaron?

Elena: Él _____ (3) medicina y ella, biología. Me dijo también que _____ (4). ¿Y a ti qué te contó Juan?

Raquel: Pues que no _____ (5) en la facultad, que _____ (6) y _____ (7) durante cinco años. Dijo que ahora _____ (8) en una agencia de viajes... ¿Sabes por qué no vino Claudia?

Elena: Sí, Nuria me dijo que Claudia _____ (9) en el hospital porque _____ (10) un accidente de tráfico.

Raquel: ¡Vaya, qué mala suerte!

Elena: Pues sí, y además me contó que _____ (11) el año pasado.

Raquel: Parece que estamos casi todas solteras. Lucía me dijo que ella _____ (12) trabajo, que _____ (13) a la política.

Elena: ¿A sí?

Raquel: Sí, dijo que _____ (14) desde hace más de diez años.

32. Lo he hecho por ti.
Por y para

Situaciones

▶ La preposición *para* se utiliza para expresar:

a) Finalidad: A. *¿**Para** qué has venido a España?* B. ***Para** aprender español.*

b) Destinatario: *He comprado estas flores **para** ti.*

c) Límite en el tiempo: A. *¿**Para** cuándo tienes que hacer el informe?* B. ***Para** el viernes como mucho, si lo termino antes, mejor.*

d) Dirección, destino: *Vamos **para** el hospital, llegaremos dentro de unos minutos* (= hacia).

`3`

▶ La preposición *por* se utiliza para expresar:

a) Causa: *Le felicitaron **por** su buen comportamiento. Ha luchado mucho **por** sus hijos.*

b) Medio: *Es mejor enviar estos paquetes **por** correo urgente.*

c) Tiempo (partes del día): ***por** la mañana, **por** la tarde, **por** la noche.*

d) Tiempo aproximado: *Estuvimos en su casa **por** mayo o junio, no lo recuerdo exactamente.*

e) Lugar: A. *¿**Por** dónde vamos a tu casa?* B. *Vamos mejor **por** esta calle, el camino es más recto* (= a través de).

■ Relaciona las frases con las situaciones.

1. *¿Para qué sirve esto?*
2. *La próxima reunión será el viernes por la mañana.*
3. A. *¿Para qué has comprado la tarta?*
   B. *Para el cumpleaños de Andrés.*
4. *¡Sr. Fernández, le llama su mujer por el móvil!*

Práctica

A Relaciona.

1. El examen es mañana
2. Le enviaremos la información
3. He comprado este regalo
4. Han tenido un accidente
5. He ahorrado el dinero
6. Hemos venido a este país
7. Han llamado

a) para ti.
b) por fax.
c) por la mañana.
d) para trabajar.
e) por mi culpa.
f) para felicitarte.
g) para irme de vacaciones.

B Completa con *por* o *para*.

1. A. ¿*Para* (1) ir a tu casa tengo que pasar _____ (2) el parque?

   B. No, no es necesario, puedes venir _____ (3) la calle Serrano y luego girar a la derecha.

2. A. Mamá, ¿_____ (4) qué has llamado a la madre de Rosa?

   B. _____ (5) que me diga a qué hora llegó ayer su hija y _____ (6) que sepa que a ti te hemos castigado _____ (7) llegar tarde y _____ (8) no hacernos caso.

3. Me encanta trabajar _____ (9) la tarde, así no tengo que madrugar.

4. A. Perdone, ¿dónde puedo entregar este paquete?

   B. Entre _____ (10) la puerta principal y pregunte en información.

5. A. ¿Vienes al centro de la ciudad sólo _____ (11) comprarte un bolso?

   B. No, es que me encanta pasear _____ (12) estas calles, están llenas de tiendas.

6. Mira qué foto tan bonita, la hicimos en Venecia, allá _____ (13) 1998, creo.

7. A. Me han llamado del colegio del niño, dicen que lo han expulsado _____ (14) faltar más de tres días seguidos.

   B. Eso es _____ (15) tu culpa, estás todo el día trabajando _____ (16) ganar más y más dinero y no te ocupas de él.

8. ¿Cómo? ¿Que se ha incendiado tu casa? Sí, sí, claro, ahora mismo voy _____ (17) allá.

9. A. ¿_____ (18) cuando acabaréis el trabajo?

   B. _____ (19) dentro de tres días aproximadamente.

10. A. He visto a Juan y a María pero no me han dicho _____ (20) cuándo es la boda.

    B. Pues será _____ (21) mayo o junio, como todas.

33. ¿Dónde se pone la tilde? (I)
Reglas de acentuación

Situaciones

► Casi todas las palabras tienen una sílaba que se pronuncia más fuerte. Es la sílaba tónica.
*Ven**ta**na, estu**dian**te, **mú**sica, te**lé**fono, capi**tal**, profe**sor**.*

► Según el lugar de esa sílaba, las palabras reciben diferentes nombres.

Agudas, si la sílaba más fuerte es la última: *ordena**dor**, Ma**drid**, lec**ción**, ha**bló**, ale**mán**.*
Todos los infinitivos de los verbos son palabras agudas: *can**tar**, vi**vir**, reci**bir**.*

Llanas, si la sílaba más fuerte es la penúltima: *panta**lo**nes, ca**mi**sa, **ma**dre, ale**ma**na, **ha**blo.*

Esdrújulas, si la sílaba más fuerte es la antepenúltima: ***á**cido, **mé**dico, **sá**bana, **tí**pico.*

■ Lee en voz alta y subraya la sílaba más fuerte.

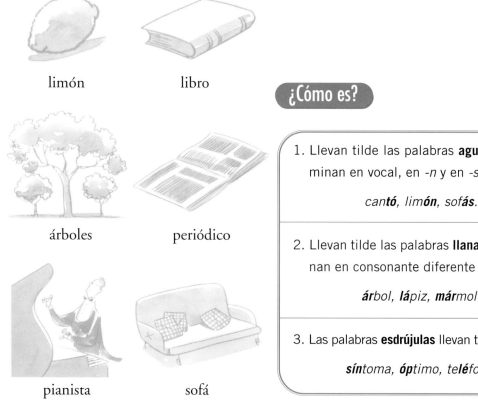

limón   libro

árboles   periódico

pianista   sofá

¿Cómo es?

1. Llevan tilde las palabras **agudas** que terminan en vocal, en *-n* y en *-s*:

   *can**tó**, li**món**, so**fás**.*

2. Llevan tilde las palabras **llanas** que terminan en consonante diferente de *-n* o *-s*:

   ***ár**bol, **lá**piz, **már**mol.*

3. Las palabras **esdrújulas** llevan tilde siempre:

   ***sín**toma, **óp**timo, te**lé**fono.*

A Lee en voz alta y pon tilde si es necesario.

Esdrújulas		Llanas		Agudas	
tónico	sabado	española	crisis	español	canto
arabe	pajaro	camisa	azules	escuchar	azul
lapices	sabana	examen	futbol	avion	marron
practica	platano	arbol	camarero	pintor	unidad
rapido	silaba	lapiz	facil	bebi	escritor

B Subraya la sílaba tónica, escribe si es aguda, llana o esdrújula. Decide si lleva tilde o no.

1. cora**zón**   *Aguda*

2. volumen   _____

3. estomago   _____

4. ciudad   _____

5. matematicas   _____

6. profesion   _____

7. rapido   _____

8. murio   _____

9. dormir   _____

10. economico   _____

11. tambien   _____

12. ingles   _____

13. tenis   _____

14. cabeza   _____

15. jamon   _____

16. joven   _____

17. miercoles   _____

18. venir   _____

C Escribe las tildes correspondientes.

1. An*drés* escri*bió* una redac*ción* sobre la contamina*ción.*

2. El miercoles bebi mucho cafe.

3. Ruben canto una cancion en la fiesta de Maria.

4. A Miguel le gusto mucho la pelicula y a mi tambien.

5. Rosalia esta mal porque comio y bebio mucho en la boda de Angel.

6. El medico le dijo a Joaquin que tenia que dejar el futbol.

7. Angela estuvo en Peru el año que nacio Oscar.

8. Es mas ecologico utilizar el transporte publico que ir en coche.

9. Cristobal compro el sofa marron porque era el mas economico.

34. ¿Dónde se pone la tilde? (II)
Reglas de acentuación

Situaciones

► Muchas palabras varían la acentuación cuando cambian de género o de número.

árbol	*árboles*	*Él es alemán*	*Ella es alemana*

*El **árbol**.*	*los **árboles**.*	*Él es ale**mán**.*	*Ella es ale**ma**na.*	*Ellos son ale**ma**nes.*
*El **lápiz**.*	*los **lápices**.*	*Él es fran**cés**.*	*Ella es fran**ce**sa.*	*Ellos son fran**ce**ses.*
*La **imagen**.*	*las **imágenes**.*	(aguda)	(llana)	(llana)
(llana)	(esdrújula)			

► En el caso de los verbos, el acento es especialmente importante, ya que indica cambio de tiempo.

Presente	**Pretérito indefinido**	**Futuro**	**Presente de subjuntivo**
*Yo **can**to*	*Yo can**té***	*Yo canta**ré***	*Ojalá **can**te*
*Tú **can**tas*	*Tú can**tas**te*	*Tú canta**rás***	*Ojalá **can**tes*
*Él **can**ta*	*Él can**tó***	*Él canta**rá***	*Ojalá **can**te*

► Los interrogativos y exclamativos llevan tilde siempre.

*¿**Quién** ha venido? ¡**Qué** bonito! ¿**Cuántos** años tienes? ¡**Cómo** habla español! ¿**Dónde** vives?*

► Las palabras de una sola sílaba (monosílabas) llevan tilde cuando son diferentes en categoría gramatical o en significado.

Con tilde	**Sin tilde**
Él (pronombre) ***Él** es más alto.*	El (artículo) ***El** coche rojo es el mío.*
Mí (pronombre) *A **mí** me gusta.*	Mi (adjetivo posesivo) ***Mi** madre es abogada.*
Sé (verbo *saber*) *No **sé** nada.*	Se (pronombre) ***Se** ducha por la mañana.*
Sí (adverbio) *La novia dijo "**sí**, quiero".*	Si (conjunción condicional) ***Si** puedo, iré a verte.*
Té (sustantivo) *Me gusta el **té** verde.*	Te (pronombre) *¿Cómo **te** llamas?*
Tú (pronombre) *¿**Tú** trabajas aquí?*	Tu (adjetivo posesivo) *¿**Tu** marido es médico?*

A Escribe la tilde en las palabras que lo necesitan, según las reglas de acentuación. Lee las palabras en voz alta, destacando la sílaba tónica.

Esdrújulas: física, matematicas, psicologo, sabado, Mexico, facilisimo.
Llanas: patatas, angel, chaqueta, azucar, compañera, carne, facil.
Agudas: tradicion, salir, encontro, salio, carne, Peru, llamare, japones.

B Señala con un círculo la palabra correcta. Lee las frases en voz alta.

1. Yo hablo bien español porque (practico) / practicó todos los días.
2. Rafael no apruebo / aprobó el examen práctico / practico de química.
3. Ayer canto / cantó Serrat en el Auditorio.
4. Olga no tiene carne / carné de conducir.
5. ¿Quién te / té llamó / llamo por teléfono el / él domingo?
6. No sé / se si / sí el té / te es bueno para tu / tú dolor de cabeza.
7. A mi / mí no me gusta la carne / carné.
8. Él / el tiene el / él coche aparcado en tu / tú calle.
9. Cuando trabajo / trabajó en París, conoció / conozco a Andrés López.
10. Cuando trabaje / trabajé podré comprarme la moto.
11. En esta / está casa vivió / vivo un torero famoso.
12. Mi / mí marido habló / hablo más que el tuyo.
13. ¿No te / té gustó / gusto tú / tu nuevo profesor?
14. Normalmente no bebio / bebo té / te por la noche.
15. Si / Sí estudio / estudió mucho, apruebo / aprobó todas, seguro.

C Escribe las tildes correspondientes.

1. ¿Dónde vivirás el año próximo?
2. ¿Quien ha dicho que volvio a las diez?
3. ¿Cuanto te costo el melon?
4. ¿Por que no vino Juan a mi boda?
5. Cuando cante en Canarias me pagaron bien.
6. Esta silla esta rota.
7. ¿Adonde fueron los actores despues de la actuacion?
8. ¿Quien dijo esta tonteria?
9. Busque a mi gato por todas partes pero no lo encontre.
10. Ivan tenia amigos arabes, alemanes y japoneses.
11. Esta camara es practica, ecologica y economica.
12. Este autobus no es tan comodo como aquel.
13. El sabado te llamare por telefono.

35. Para terminar...
Repaso

Práctica

A Completa con el pronombre adecuado (*me*, *te*, *se*, *nos*, *os*, *les*, o *le*). A veces no es necesario (unidades 1 y 2).

1. A nosotros _nos_ molestan los mosquitos, ¿podemos cambiar de habitación?

2. A. ¿Ha llamado Jaime?

   B. Sí, _____ hemos quedado en la puerta del cine a las 7.

3. ¿Sabes?, ayer _____ encontré con Nicolás en el banco.

4. A Roberto no _____ quedan bien los pantalones anchos.

5. A. ¿Qué hiciste el sábado?

   B. Nada, _____ quedé en casa.

6. A. Olga, ¿qué _____ pasa?

   B. _____ duele la cabeza, voy a tomar_____ una aspirina.

7. Al final, mi hija _____ puso los pantalones azules para ir a la playa.

8. ¿Quién _____ ha llevado mi periódico?

9. ¿_____ has llevado el café al cliente de la mesa 2?

10. Carmen, si _____ molesta el aire acondicionado, _____ vamos a otro sitio.

11. ¿Qué _____ parece?, ¿cómo _____ queda esta camiseta?

12. A mí no _____ caen bien los vecinos del quinto.

13. ¿Qué _____ pasa a vosotros? ¿Estáis aburridos?

14. Eduardo _____ lleva muy bien con su hermana pequeña.

15. ¿A Vdes. _____ ha gustado el gazpacho?

B Escribe el verbo adecuado: pretérito imperfecto o pretérito indefinido (unidades 3, 4 y 8).

1. A. ¿_Viste_ la película de anoche en la tele?

   B. No, como (estar) _____ cansada, (acostarse) _____ pronto.

2. A. ¿Haces deporte?

   B. No, ahora, no. Antes (ir) _____ a nadar todos los días.

3. Roberto (aprender) _____ a cocinar cuando (estudiar) _____ en Roma.

4. Cuando mi mujer y yo (ser) _____ jóvenes, (vivir) _____ cuatro años en Japón y (aprender) _____ algo de japonés.

5. El verano pasado Lucía (alquilar) _____ un apartamento que (tener) _____ tres dormitorios y (estar) _____ al lado de la playa.

6. Cuando mi abuela y mi abuelo (conocerse) _____ , mi abuelo (trabajar) _____ en una imprenta, (ser) _____ impresor.

7. Carmen (empezar) _____ a estudiar piano a los 6 años y cuando (tener) _____ 12 años (dar) _____ su primer concierto en el Auditorio de Madrid.

8. Mi abuelo (morir) _____ cuando mi madre (tener) _____ diez años.

9. El sábado pasado no (salir) _____ porque (estar) _____ cansado de trabajar.

10. Como los pisos en Madrid (estar) _____ tan caros, al final, (comprarse, nos) _____ un chalé adosado a 20 km de Madrid.

11. Yo creo que la Selección Española (perder) _____ el partido de ayer porque los jugadores no (estar) _____ concentrados.

12. Como siempre (llegar) _____ tarde, el jefe le (decir) _____ a Rosalía que le (ir) _____ a descontar un 20% del sueldo.

13. Mi hija (estar) _____ tres meses trabajando en una pizzería porque (querer) _____ ahorrar para ir a Londres.

14. A. ¿Dónde (estar, tú) _____ cuando (ocurrir) _____ el accidente?

    B. Yo (estar) _____ en la oficina, trabajando.

C Subraya la opción adecuada (unidad 9).

1. El otro día, cuando *estaba hablando* / *estuve hablando* por teléfono con Alicia, *vino / venía* mi hermano con la mala noticia.

2. Ellos *estaban trabajando / estuvieron trabajando* en la misma empresa más de 10 años.

3. El sábado por la noche, yo *estaba durmiendo / estuve durmiendo* cuando *llegó / llegaba* mi hija.

4. A. ¿Qué tal las vacaciones?

   B. Regular. *Hemos estado / Estábamos* la mitad del tiempo en el hospital con mi suegra.

5. A. ¿Qué te pasó ayer? Te *llamaba / llamé* tres veces por la tarde.

   B. *Estuve / He estado* de compras con mi amiga Lola.

6. A. ¿Qué has hecho esta mañana?

   B. Nada especial, *he estado / estaba* toda la mañana ordenando papeles.

7. A. ¿Qué *hiciste / hacías* el domingo?, te *llamamos / llamábamos* para invitarte a salir.

   B. ¿El domingo por la tarde? Creo que *he estado ayudando / estuve ayudando* a Svieta con una traducción del ruso.

8. Esta semana *hemos estado / estábamos* dos veces en el médico con el niño.

9. Este verano *hemos estado trabajando / estábamos trabajando* en un proyecto nuevo.

10. Cuando *estuvimos trabajando / estábamos trabajando* en el nuevo proyecto, nos *decía / dijo* el jefe que *tenemos / teníamos* que dejarlo y hacer otra cosa.

D **Completa con el verbo en la forma adecuada (unidad 8).**

TERESA VIEJO

Teresa es periodista y presentadora de televisión. Nació en Madrid, (empezar) *empezó*[(1)] a estudiar Sociología, pero lo (dejar) _____[(2)] para estudiar Periodismo. Después de licenciarse, (empezar) _____[(3)] a trabajar en la radio.

Su primer empleo (ser) _____[(4)] en Radio Intercontinental, donde (dirigir) _____[(5)] un programa musical.

Más tarde, (trabajar) _____[(6)] con el conocido periodista Jesús Hermida en el programa *Las mañanas de Hermida*, para Antena 3 Radio. Unos años después la (contratar) _____[(7)] para trabajar en *Rokopop*, un programa musical en el que (estar) _____[(8)] cuatro temporadas. También (participar) _____[(9)] en *Pasa la vida*, el *Primijuego* (relacionado con la Lotería Nacional), *Las mañanas de primera* y *Saber vivir*.

Al mismo tiempo que trabajaba en radio y televisión, (colaborar) _____[(10)] normalmente en la prensa, con artículos sobre música y decoración.

Actualmente (dirigir) _____[(11)] *Más que palabras*, en Radio España, un programa en el que se (analizar) _____[(12)] los sucesos diarios desde el punto de vista de una mujer.

JESÚS VÁZQUEZ

Jesús es presentador de televisión. (Nacer) _Nació_ (1) el 19 de septiembre de 1968 en Lugo. Su familia (trasladarse) _____ (2) a Madrid cuando él (tener) _____ (3) 8 años.

Cuando (tener) _____ (4) 17 años, (empezar) _____ (5) a estudiar Biología, pero lo (dejar) _____ (6) para matricularse en la Escuela de Arte Dramático. Después de acabar sus estudios, (trabajar) _____ (7) de camarero unos meses. En 1998 (vivir) _____ (8) cinco meses en Londres y, a la vuelta, (entrar) _____ (9) a trabajar en televisión en un programa llamado _Gente con gracia_. Al mismo tiempo, (hacer) _____ (10) dos películas y (participar) _____ (11) en una obra de teatro. También (grabar) _____ (12) un disco, _Enamorado de ti_, que (vender) _____ (13) más de cien mil copias. Últimamente (presentar) _____ (14) el programa _Estrellas del pop_, con un estilo muy moderno.

E · Completa con los verbos del cuadro (unidad 8).

El pasado 8 de junio, a las 15.30 h, mientras Rosa Lucena _compraba_ (1) en el supermercado, unos ladrones _____ (2) la cerradura de su coche y _____ (3) una maleta que _____ (4) en el asiento de atrás. Un hombre que _____ (5) en la puerta del supermercado los _____ (6) y _____ (7) a gritar. En ese momento, varios clientes _____ (8) de la tienda y _____ (9) a los ladrones, pero no _____ (10) alcanzarlos.

compraba
estaba
rompieron
había
empezó
cogieron
salieron
siguieron
pudieron
vio

Los tres delincuentes se _____ (11) en su coche y _____ (12). Sin embargo, un joven que _____ (13) por allí y _____ (14) todo lo ocurrido, _____ (15) una silla de un bar cercano y se _____ (16) delante del coche, obligando a los delincuentes a parar. Pocos segundos después, más de 20 personas (incluida Rosa Lucena) _____ (17) el coche y se _____ (18) allí hasta que _____ (19) la policía, a la que _____ (20) uno de los dependientes del supermercado.

llegó
metieron
pasaba
cogió
huyeron
había visto
había avisado
puso
rodearon
quedaron

F Escribe los verbos en el tiempo adecuado (unidades 15 y 16).

1. Si te (encontrar) *encuentras* mal, ve al médico.

2. (Ir, yo) _____ a la boda de Elena si me invita.

3. Si tienes tiempo, (llevar) _____ a la niña al cine.

4. Si vas a salir, (comprar) _____ el periódico, por favor.

5. Si (ver, tú) _____ a Eugenio, dale el libro que nos prestó.

6. Si no me llama ella, yo no la (llamar) _____, ya estoy harta.

7. Si vienes a Sevilla, (llamar) _____me.

8. Si (tener) _____ tiempo, vamos al cine todos los domingos.

9. Si le llamas por teléfono, (ponerse) _____ muy contento.

10. Si (poder, yo) _____, le regalaré un anillo a Isabel.

G Selecciona la opción correcta (unidad 11).

1. A. ¿Te ha gustado la película?

   B. No, *es / está* muy aburrida, ¿y a ti?

   A. Yo me he dormido, es que *era / estaba* muy cansada.

2. A. ¿Te gusta la tarta?

   B. Sí, *es / está* muy rica.

3. A. ¿Qué te pasa?

   B. *Soy / Estoy* nerviosa porque tengo un examen de química.

4. A. ¿Por qué *eres / estás* tan contenta?

   B. Porque mañana me voy de vacaciones.

5. ¿Has visto qué guapa *es / está* hoy Elena?

6. A. ¿Este es tu hijo pequeño?

   B. Sí, ¿a que *es / está* muy guapo?

H Subraya la palabra adecuada, *si* o *cuando* (unidad 16).

1. *Cuando* / *Si* tenga 30 años daré la vuelta al mundo.

2. *Si* / *Cuando* acabe este curso, buscaré trabajo en una agencia de viajes.

3. *Cuando / Si* no llueve saldremos a dar un paseo.

4. *Si / Cuando* tienes tiempo, ve a comprar la fruta.

5. *Cuando / Si* vuelva a casa voy a darme una buena ducha.

6. *Cuando / Si* estás cansado, acuéstate un rato.

7. *Cuando / Si* llegue Rosa, dale el dinero del libro.

8. *Si / Cuando* dejas de fumar, estarás mejor de salud.

9. *Si / Cuando* llama por teléfono Enrique, dile que estoy enfermo.

10. *Si / Cuando* estés enfermo ve a ver al Dr. Martínez.

11. *Si / Cuando* venga tu padre iremos a ver a los abuelos.

I **Sustituye las palabras subrayadas por un pronombre (unidades 21 y 22).**

1. Emilia contó la verdad <u>a los niños</u>. = *Emilia les contó la verdad.*

2. Carlos trajo el desayuno <u>a su madre</u>. = _____.

3. Escondieron <u>las llaves</u> en la maceta. = _____.

4. El cartero trajo <u>el correo</u> por la mañana. = _____.

5. Llevaron <u>a las niñas</u> al colegio. = _____.

6. ¿Ya has leído <u>el periódico</u>? = _____.

7. Preguntó <u>al alumno</u> la respuesta. = _____.

8. Puso <u>las maletas</u> en la puerta. = _____.

J **Completa con el pronombre adecuado (unidades 21 y 22).**

1. A. ¿Le has dado el diccionario a Luisa?

   B. No, dá*selo* tú, por favor.

2. A. ¿Dónde está la calculadora?

   B. ____ tiene María, píde_____.

3. Niños, quita____ los abrigos, hace mucho calor.

4. A. ¿Vas a contarme lo que ocurrió ayer?

   B. Sí, pero no ____ ____ digas a nadie.

   A. No ____ preocupes, guardaré el secreto.

K Completa con el verbo en el tiempo adecuado (unidades 23, 26 y 30).

1. A. ¿Para qué (comprar) *has comprado* esos bombones?

   B. Para (llevar, los bombones) _____ a la oficina, mañana es mi cumpleaños.

   A. ¿Y para qué (llamar) _____ a tus antiguos compañeros?

   B. Para que (venir) _____ a casa mañana, vamos a hacer una gran fiesta.

2. A. ¿Sabes? Han ingresado a María en el hospital.

   B. Pues ojalá no (ser) _____ grave. ¿Quieres que (ir, nosotros) _____ a verla?

3. ¿Supermercados Benítez? Necesito que me (traer, ustedes) _____ 5 kilos de naranjas, 2 de manzanas y 4 de fresas… Sí, claro, quiero que lo (subir, ustedes) _____ a casa.

4. A. ¿Dónde vas tan pronto?

   B. Voy a una entrevista de trabajo.

   A. Pues que (tener) _____ mucha suerte.

5. A. ¿Qué le pasa a tu moto?

   B. Que pierde aceite y no funcionan las marchas. Necesito (comprar) _____ otra nueva.

L Transforma en estilo indirecto (unidad 31).

1. "El nuevo arquitecto se llama José, es de Barcelona y ha trabajado en el estudio de Calatrava".

   El jefe nos dijo que el nuevo arquitecto se llamaba José, _____

   _____ .

2. "Mañana no puedo ir al concierto porque vuelven mis padres de vacaciones y había prometido ir a buscarlos".

   Clara me ha dicho que _____

   _____ .

3. "Ayer fuimos a casa de Belén porque estaba enferma".

   Tu hermano me contó que _____ .

4. "Hace sólo un año vivía en una ciudad muy pequeña a orillas del mar y ahora estoy en Madrid. La vida ha cambiado mucho en muy poco tiempo".

   Xiaowey me contó que _____

   _____ .

LL Selecciona la opción correcta (unidades 12 y 32).

1. Los tomates están *a* / *por* 3 euros el kilo.

2. La puerta está *al* / *en* final del pasillo.

3. No escribas *en* / *con* ese lápiz rojo, utiliza el negro.

4. No funciona el móvil, voy a llamar *de* / *desde* la cabina de teléfonos.

5. No hables *con* / *en* voz alta, el niño está durmiendo.

6. He venido a España *para* / *por* encontrar trabajo.

7. A. ¿*Por* / *Para* cuándo tienes la cita con el médico?

   B. *Por* / *Para* el viernes.

8. El accidente fue *por* / *para* mi culpa, iba muy deprisa.

9. ¿Cómo vas a enviar el informe, *por* / *para* fax o *por* / *para* correo?

10. Ayer no fui al cine porque estuve *a* / *en* la oficina *por* / *hasta* las ocho.

M Completa con las preposiciones (unidades 12 y 32).

El próximo verano, más _____(1) 30 artistas participarán _____(2) "Los conciertos del Conde Duque", que se realizarán _____(3) el centro cultural _____(4) mismo nombre.

Este año será muy numerosa la presencia femenina: _____(5) Daniela Mercury _____(6) Maria Bethania, Dido, Omara Portuondo o Jane Birkin. _____(7) los invitados masculinos destacan Fito Páez, Zucchero y Steve Winwood.

Estos conciertos, que se celebran _____(8) hace años durante el mes _____(9) julio, ayudan _____(10) los madrileños _____(11) olvidar el calor _____(12) este mes _____(13) la capital española.

en (3)
de (3)
del
a (2)
entre
desde (2)
hasta

Vocabulario

1. Objetos cotidianos

A **Mira los dibujos y completa los textos con las palabras del cuadro.**

libros   un lápiz   una calculadora   bolígrafos   una carpeta con folios

2

3

1

5

4

A. ¿Qué lleva Jorge en su mochila? Jorge lleva en su mochila *libros*(1), _____ (2), _____ (3), _____ (4) y _____ (5).

las gafas de sol   tarjetas de crédito   el móvil   la cartera   el carné de conducir

fotos de su hija   un paquete de *Kleenex*   el carné de identidad   la agenda

1

2

AGENDA

3

7

9

4

6

8

5

B. ¿Qué lleva Elena en su bolso? Elena lleva en su bolso *las gafas de sol*(1), _____ (2), _____ (3), _____ (4) y _____ (5).

¿Qué hay en la cartera de Elena? _____ (6), _____ (7), _____ (8) y _____ (9).

B Completa con algunas palabras del ejercicio anterior.

1. Objeto que sirve para llamar por teléfono desde cualquier sitio: _____ .

2. Objeto que sirve para escribir y se puede borrar fácilmente: _____ .

3. Objeto que sirve para realizar operaciones matemáticas como sumar, restar, multiplicar...:

_____ .

4. Objeto donde se guarda la documentación y también el dinero: _____ .

5. Objeto con el que puedes comprar algo sin llevar dinero en efectivo: _____ .

6. Objeto que se utiliza para proteger los ojos del sol: _____ .

2. Cosas de casa

A En la cocina. Relaciona las palabras del cuadro con los dibujos.

| plato | tenedor | taza | cuchillo | cuchara | vaso | jarra | cubo de basura |

1. *plato.*

2. _____ .

3. _____ .

4. _____ .

5. _____ .

6. _____ .

7. _____ .

8. _____ .

B Completa con palabras del ejercicio anterior.

1. A. ¡Carlos, pon la mesa!

   B. Vale. Mamá, ¿qué cubiertos se ponen a la derecha del plato?

   A. La *cuchara* y el_____.

   B. Entonces, ¿pongo el _____ a la izquierda?

   A. Sí, claro.

2. A. Tira esto al cubo de la basura, mientras meto los vasos y las _____ del café en el lavavajillas.

   B. ¿Quieres la _____ del agua?

   A. Sí, dámela, por favor.

C ¿Qué usamos para...?

1. Hacer el café	a) La fregona
2. Guardar y conservar los alimentos	b) La tostadora
3. Lavar la ropa	c) La cafetera
4. Descongelar y calentar la comida	d) La lavadora
5. Tostar el pan	e) La plancha
6. Planchar la ropa	f) El microondas
7. Fregar el suelo	g) La nevera

D En el baño. Mira los dibujos y completa las palabras.

1. Es p e j o
2. To __ ll __
3. Jab __ __
4. C __ pill __ del p __ l __
5. C __ pill __ de di __ __ tes
6. P __ __ ta de di __ __ tes
7. Per __ __ me
8. G __ l
9. Ch __ m __ ú

1. Champú – gel – ~~jarra~~ – jabón.

2. Cuchillo – tenedor – cuchara – cepillo.

3. Nevera – espejo – cafetera – tostadora.

4. Plato – taza – plancha – vaso.

5. Copa – tenedor – vaso – jarra.

Vocabulario

3. Tareas domésticas

A Mira los dibujos y completa con las palabras.

~~platos~~   aspiradora   ropa (2)   polvo

1

2

3

5

1. Fregar los *platos*.

2. Limpiar el _____.

3. Pasar la _____.

4. Planchar la _____.

4

5. Tender la _____.

B Relaciona.

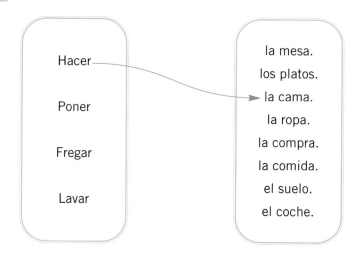

Hacer   la mesa.

los platos.

la cama.

Poner   la ropa.

la compra.

Fregar   la comida.

el suelo.

Lavar   el coche.

C Completa la conversación con el verbo correspondiente.

A. Laura, ¿vienes a jugar al tenis?

B. No, lo siento. Ayer fue mi cumpleaños, lo celebré en casa y hoy tengo que _____ [1] los pla-

tos, _____ [2] el suelo de la cocina, _____ [3] la aspiradora en el salón, _____ [4]

el polvo, _____ [5] y planchar los manteles, y, además, _____ [6] la comida para mi

hermano y para mí porque mis padres no están.

4. *Transportes*

A Completa con las letras.

1. Au*t*obú__

Vocabulario

2. Tr__n

3. __etr__

4. Avió__

5. __oche

B **Relaciona.**

1. Tren / metro   a) aeropuerto

2. Avión   b) parada

3. Barco   c) estación

4. Taxi   d) puerto

C **Completa con las palabras.**

tráfico	metro	semáforo	multa	estación
conductor	cinturón de seguridad	billete	aparcamiento	atascos

1. Ayer cogí el coche para ir al trabajo pero no llegué a tiempo porque había mucho *tráfico* en la autopista. Después, no pude encontrar _____ y dejé el coche mal aparcado. Cuando salí del trabajo vi que tenía una _____. A partir de ahora iré todos los días en _____.

2. A. ¿Dónde vas?

   B. Voy a la _____ de tren, quiero comprar el _____ para Valencia.

3. No me gusta esta ciudad, hay muchos coches, muchos _____ y demasiada contaminación.

4. Cruza ahora, el _____ está verde.

5. A. ¿Es obligatorio ponerse el _____ ?

   B. Sí, es obligatorio para el _____ y para los pasajeros.

D **Señala la palabra intrusa.**

1. Coche – autobús – ~~aparcamiento~~ – barco.

2. Calle – autopista – carretera – semáforo.

3. Billete – conductor – pasajero – taxista.

4. Estación – aeropuerto – tren – puerto.

5. Conducir – aparcar – entrar – parar.

5. Adjetivos

A **Relaciona.**

1. Rápido, -a, -os, -as	a) bajo, -a, -os, -as
2. Largo, -a, -os, -as	b) lento, -a, -os, -as
3. Alto, -a, -os, -as	c) sucio, -a, -os, -a
4. Cómodo, -a, -os, -as	d) caliente, -es
5. Frío, -a, -os, -as	e) nuevo, -a, -os, -as
6. Ancho, -a, -os, -as	f) mojado, -a, -os, -as
7. Limpio, -a, -os, -a	g) corto, -a, -os, -as
8. Seco, -a, -os, -as	h) delgado, -a, -os, -as
9. Fácil, -es	i) incómodo, -a, -os, -as
10. Viejo, -a, -os, -as	j) difícil, -es
11. Gordo, -a, -os, -as	k) ruidoso, -a, -os, -as
12. Tranquilo, -a, -os, -as	l) estrecho, -a, -os, -as

Vocabulario

B Completa con los adjetivos del ejercicio anterior.

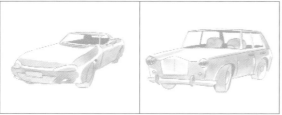

1. Coche
rápido

2. Coche

3. Camisa

4. Camisa

5. Sillón

6. Sillón

7. Bebidas

8. Bebidas

9. Pantalones

10. Pantalones

11. Mujer

12. Mujer

13. Camiseta

14. Camiseta

15. Pelo

16. Pelo

17. Ejercicio   18. Ejercicio   19. Zapatos   20. Zapatos

_____   _____   _____   _____

21. Hombre   22. Hombre   23. Calle   24. Calle

_____   _____   _____   _____

6. *Adjetivos de carácter y estados de ánimo*

A **Relaciona.**

1. Estoy nervioso, -a   a) me ha tocado la lotería.

2. Estoy preocupado, -a   b) mi madre está enferma.

3. Estoy contento, -a   porque   c) tengo que hablar en público.

4. Estoy enfadado, -a   d) he discutido con mi vecina.

5. Estoy triste   e) tengo un problema en el trabajo.

Vocabulario

B Completa estas conversaciones con los adjetivos del ejercicio anterior.

1
¿Qué tal el examen?

Regular, estaba muy *nerviosa*.

2
Y tu hermano, ¿qué tal está?

Bien, ahora está _____ porque ha encontrado trabajo.

3
¿Qué te pasa?

Estoy muy _____, son más de las 12 y Clara aún no ha llegado a casa.

4
¿Qué le pasa a Sergio?

Está _____ porque le ha dejado su novia.

5
¿Por qué estás _____ con Javier?

Porque me ha mentido.

C Completa los cuadros con estos adjetivos.

~~simpático, -a~~	divertido, -a	tímido, -a	generoso, -a	~~antipático, -a~~
extrovertido, -a	amable	aburrido, -a	grosero, -a	tacaño, -a

Sentido positivo	Sentido negativo
simpático, -a	antipático, -a

D Lee el texto y selecciona la opción correcta.

Mis dos compañeras de piso son muy diferentes. Susana es una chica estupenda, se lleva bien con todo el mundo y siempre está haciendo regalos. Le encanta salir con sus amigos y hacer fiestas en casa. Sin embargo, Clara sólo piensa en sí misma, nunca habla con nosotras, se enfada con todo el mundo y no quiere poner dinero en las fiestas.

a) Susana es (*amable* / *grosera*), (*divertida* / *aburrida*), (*tímida* / *extrovertida*), (*generosa* / *tacaña*) y (*simpática* / *antipática*), además, casi siempre está (*contenta* / *triste*).

b) Clara es (*generosa* / *tacaña*) y (*amable* / *grosera*). Siempre está (*nerviosa* / *enfadada*).

7. La salud

A ¿Qué le pasa a Jaime? Mira los dibujos y relaciona.

1

2

3

4

a) Tose.   _1_

b) Le duele la cabeza.   ___

c) Tiene fiebre.   ___

d) Le duele la garganta.   ___

B Relaciona.

1. Recetar	a) el termómetro
2. Tomar	b) medicamentos
3. Poner	c) resfriado / constipado
4. Tener	d) un análisis de sangre
5. Estar	e) alergia
6. Hacerse	f) pastillas / jarabe

C Completa estas frases con las palabras del cuadro.

resfriado   dentista   alergia   infección   pastillas

termómetro   fiebre   recetó   antibióticos

1. A. Clarita está tosiendo, creo que se ha *resfriado*.

   B. Sí, ya le he puesto el _____, tiene un poco de _____.

   A. ¿Le has dado el jarabe que le _____ el médico?

   B. Sí, ya se lo ha tomado.

2. A. ¿Qué te pasa?

   B. Me duelen las muelas.

   A. ¿Y por qué no vas al _____?

   B. Ya he ido y me ha dicho que tengo una _____, por eso estoy tomando _____.

3. A. ¿Para qué tomas esas _____?

   B. Son para la _____, es que en primavera siempre estoy fatal.

8. Profesiones

A Normalmente, en la construcción de una casa trabajan muchos profesionales. Completa con las palabras del recuadro.

fontaneros   pintores   ~~arquitecto~~   electricistas   albañiles

1. El *arquitecto* diseña los planos.

2. Los _____ construyen el edificio.

3. Los _____ ponen las tuberías y los grifos.

4. Los _____ hacen la instalación eléctrica.

5. Los _____ pintan las paredes.

B Completa con las palabras de la actividad anterior.

A. ¿Qué tal tu piso nuevo?

B. Fatal, ayer fui a verlo y es un desastre.

A. ¿Por qué?

B. Primero entré en la cocina y no estaban puestos los grifos, tuve que llamar a un *fontanero*[1]. Después fui a la habitación y había un agujero en la pared, así que avisé a un _____[2]. Además, el salón es muy pequeño y el pasillo demasiado largo.

A. Pues no sé en qué estaba pensando el _____[3] cuando hizo los planos.

B. Y eso no es todo, el techo del baño está sin pintar y, además, cuando anocheció y encendí la luz tampoco funcionaba.

A. Eso lo soluciono yo, mi cuñado puede arreglar la luz, es un buen _____ (4). Y mi vecino de arriba es _____ (5), así que cuando quieras lo llamo para que vaya a verte.

C **Relaciona los dibujos con las profesiones.**

1. Cantante de ópera   _f_
2. Pianista   ____
3. Director de cine   ____
4. Bailarina   ____
5. Cámara   ____
6. Actor   ____
7. Escritor   ____
8. Escultor   ____
9. Pintor   ____
10. Modelo   ____
11. Fotógrafa   ____

D **Completa la tabla.**

El director	la director _a_
El actor	la act __ __ __
El bailar __ __	la bailarina
El cantante	la cantant __
El pianist __	la pianista
El model __	la modelo
El fotógraf __	la fotógrafa
El cámar __	la cámara

9. Comidas y bebidas

A Completa los nombres.

café con leche

t__ con l__món

agu__ mineral

v__no tint__

qu__s__

arr__z

p__n

z__mo de n__ranj__

p__scad__

s__pa

t__rta

f__lete de t__rner__

m__risc__s

p__sta

j__món serran__

fr__t__s

g__lletas de ch__colat__

ens__lad__

B **Completa el cuadro con las comidas y bebidas del ejercicio anterior.**

¿Qué se toma?

En el desayuno y en la merienda	En la comida y en la cena
café con leche	

C **Relaciona.**

1. Leche   a) asado

2. Patatas   b) cocidos

3. Pizza   c) fritas

4. Verdura   d) hervida

5. Pollo   e) caliente

6. Huevos   f) congelada

D Relaciona.

a) Horno ___1___   d) Microondas ____

b) Olla ____   e) Sartén ____

c) Cuchillo ____

E ¿Qué puedes hacer…?

1. En el horno.   *asar*

2. En el microondas.   _____

3. En la sartén.   _____

4. En la olla.   _____

5. Con el cuchillo.   _____

F Completa con algunas de las palabras anteriores.

freír   ~~asar~~   calentar / descongelar   pelar / cortar   hervir / cocer

1. A. Mamá, ¿qué hay hoy para comer?

   B. Hay _____ de ternera y _____ de tomate, pepino y aceitunas.

   A. ¿Por qué no pones también huevos _____?

2. A. ¿Has comprado ya la _____ para el cumpleaños de Javier?

   B. Sí, he comprado también las velas.

3. A. Juan, ¿has hecho ya la comida?

   B. No he tenido tiempo, ¿por qué no compramos un pollo _____ y unas patatas _____?

4. A. ¿Quieres que te ayude a preparar la comida?

   B. Sí, mira, puedes _____ esos tomates, cortarlos y meterlos en el _____, quiero asarlos con estas verduras.

G Completa con estas palabras.

| sosa | sed | dulce | maduros | ~~amargo~~ | hambre | picante | harina | ajos |

1. No me gusta el café sin azúcar, está muy *amargo*.

2. La comida está muy _____, no tiene nada de sal.

3. No me gusta este plátano tan duro, prefiero esos más _____.

4. ¿Qué hay de comida? Me muero de _____.

5. Para preparar esa comida primero tienes que freír unos _____ y unas cebollas.

6. El pescado se fríe con _____ para que no se pegue a la sartén.

7. Voy a tomar un refresco, tengo mucha _____.

8. La carne está muy _____, has echado mucha pimienta.

9. Esta tarta está muy _____, tiene mucho azúcar.

10. *Tiempo libre*

A Fíjate en estas personas y di qué hacen en su tiempo libre.

| ~~tocar el violín~~ | ir al teatro | montar en bicicleta | escuchar la radio |
| navegar por Internet | jugar al ajedrez | jugar al baloncesto |

1. *Tocar el violín.*

2. _____.

3. _____.

1. _____.

2. _____.

3. _____.

4. _____.

B Imagina que quieres ir de vacaciones a España. Ordena estas actividades cronológicamente.

a) Ir a la agencia de viajes.   *1.º*

b) Hacer las maletas.   _____

c) Comprar una guía de la ciudad.   _____

d) Reservar los billetes de avión y el hotel.   _____

e) Coger el pasaporte, los billetes y algo de dinero en efectivo.   _____

f) Ir al aeropuerto.   _____

g) Llamar a un taxi.   _____

C Madrid es una ciudad grande y muy turística. Tiene una gran vida cultural y nocturna. Imagina que estás en Madrid y es el mes de agosto. ¿Cuáles de estas cosas puedes y no puedes hacer?

~~ir a museos~~	pasear
tomar el sol	bañarte en la playa
ir de compras	bañarte en la piscina
ir a un concierto	hacer submarinismo
ver un partido de fútbol	salir por la noche
esquiar	hacer fotos

Puedo hacer	No puedo hacer
Ir a museos	

11. *Tiendas y establecimientos públicos*

A Mira las fotos del mercado. De la lista señala con V lo que se puede encontrar en un mercado o galería de alimentación y con X lo que no.

1. Sardinas ___V___
2. Cordero ___
3. Periódicos ___
4. Jamón ___
5. Verduras ___
6. Magdalenas ___
7. Aceitunas ___
8. Anillos ___
9. Bolígrafos ___
10. Aspirina ___

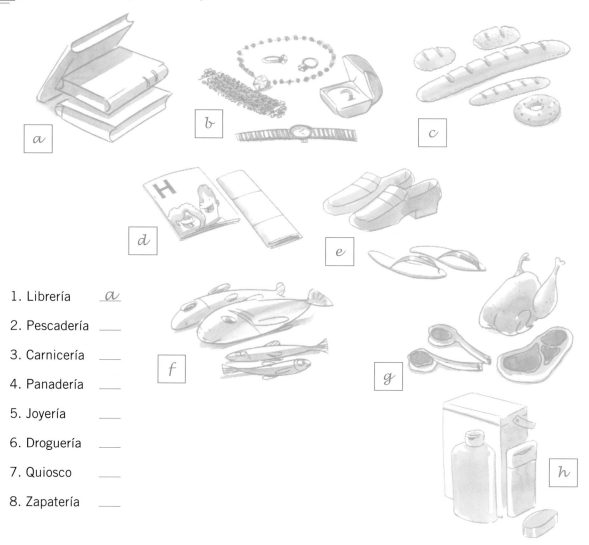

1. Librería   *a*

2. Pescadería   ___

3. Carnicería   ___

4. Panadería   ___

5. Joyería   ___

6. Droguería   ___

7. Quiosco   ___

8. Zapatería   ___

C Completa las frases con las palabras anteriores.

1. A. ¿Vas a ir hoy al mercado?

   B. Sí, iré a la carnicería porque tengo que comprar algo de carne, también voy a pasar por la *pescadería*[1] a ver si tienen merluza para cenar.

   A. ¿Vas a comprar el pan en el mercado?

   B. No, me gusta más el de la _____[2] de la plaza.

   A. Pues si vas a la plaza hazme un favor, cómprame el periódico.

   B. Vale, pero el _____[3] de la plaza está cerrado por vacaciones, iré a otro. Oye, ¿puedes ir tú a la _____[4]? Necesitamos champú y gel de baño.

A. Sí, claro. Voy a ir también a la _____ (5) para comprar unas zapatillas para mi madre.

2. A. ¿Dónde te has comprado ese anillo?

B. En la _____ (6) de la calle Maqueda. Iba a la _____ (7) que hay al lado a comprar un libro para Jaime y ya ves, acabé comprándome esto.

D **Completa el crucigrama.**

Horizontales: 1. Lugar de oración para los cristianos.

2. Lugar desde donde se gobierna una ciudad.

3. Lugar donde se exponen cuadros, esculturas….

4. Lugar donde guardamos el dinero.

Verticales: 1. Lugar donde vas a cortarte el pelo.

2. Lugar donde vas a denunciar que te han robado.

3. Lugar donde vas si estás enfermo.

12. En el supermercado

A Mira los dibujos y completa las frases con las palabras de la caja.

botella bolsa lata ramo *tetra-brik* pastilla docena caja tubo ~~paquete~~ kilo barra frasco

a) Un *paquete* de galletas.

b) Una _____ de sardinas.

c) Un _____ de tomates.

d) Un _____ de mermelada.

e) Una _____ de aceite.

f) Un _____ de pasta dentífrica.

g) Una _____ de huevos.

h) Un _____ de leche.

i) Una _____ de bombones.

j) Un _____ de flores.

k) Una _____ de caramelos.

l) Una _____ de jabón.

ll) Una _____ de pan.

B Completa las frases con algunas palabras de A.

A. ¿Has ido al supermercado?

B. Sí, he comprado varias *latas* [1]: de atún, de sardinas, de calamares..., una _____ [2] de huevos, dos _____ [3] de naranjas, uno de manzanas, un _____ [4] de galletas, una _____ [5] de caramelos de menta y una _____ [6] de aceite de oliva.

A. ¿No has traído nada para desayunar?

B. Ah, sí, un _____ [7] de mermelada de fresa y otro de melocotón.

A. ¿Y el pan?

B. Sí, he traído dos _____ [8].

13. *Geografía*

A Mira el mapa y completa el cuadro.

Ciudades	Países	Continentes	Islas	Ríos	Mares	Montañas
Barcelona						

B Relaciona.

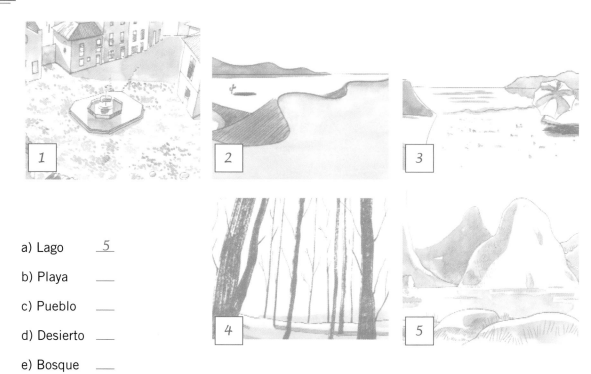

a) Lago   _5_

b) Playa   ___

c) Pueblo   ___

d) Desierto ___

e) Bosque   ___

C Completa con las palabras.

costa   capital   ciudades   desierto   río   habitantes   océano   montaña

1. En la *costa* mediterránea hay kilómetros de playas de arena blanca.

2. Mis padres nacieron en un pueblo muy pequeño y cuando se casaron se fueron a vivir a una ciudad que tenía 200.000 _____ .

3. París es la _____ de Francia.

4. El _____ del Sáhara es uno de los más grandes del mundo.

5. El _____ Atlántico baña la costa gallega y parte de la andaluza.

6. El Amazonas es el _____ más caudaloso del mundo.

7. ¿En vacaciones vas a la playa o a la _____ ?

8. A. ¿Cuáles son las _____ españolas más importantes?

   B. Madrid y Barcelona.

14. Formación de palabras

A Relaciona los dibujos con la palabras del cuadro.

| ~~seguro~~ cómodo inseguro tapar conectar destapar incómodo desconectar |

1

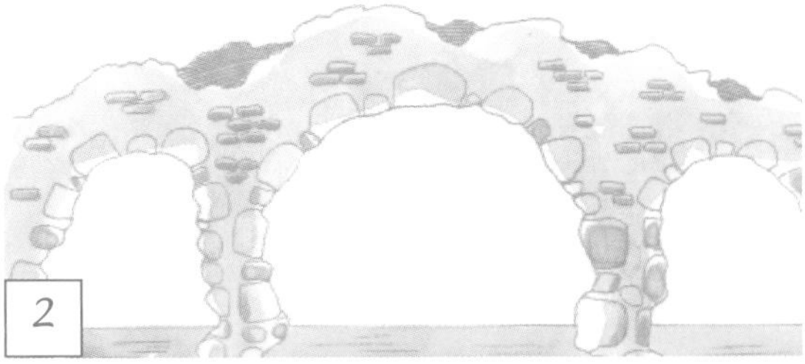

2

3

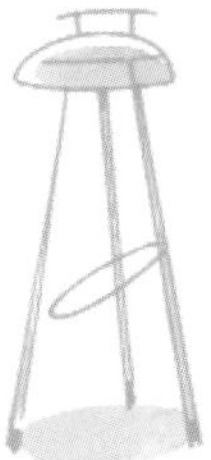

4

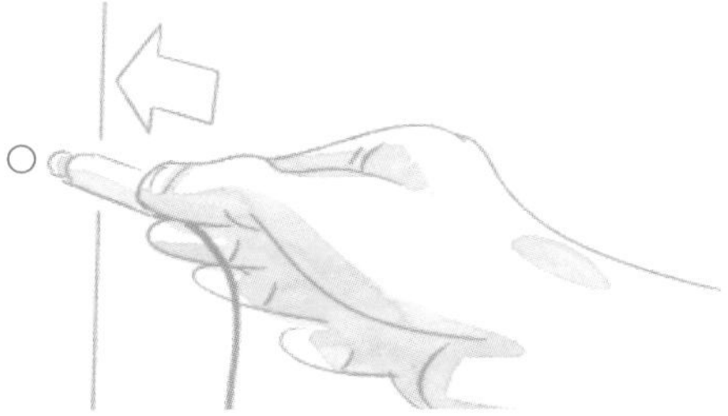

5

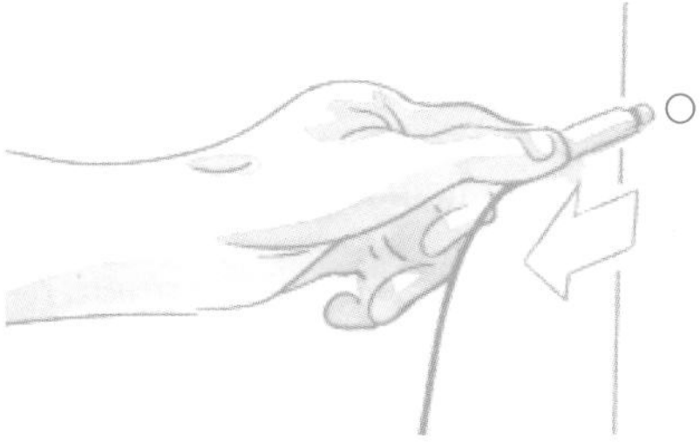

6

7

8

1. *Seguro* ≠ 2. _____

3. _____ ≠ 4. _____

5. _____ ≠ 6. _____

7. _____ ≠ 8. _____

> ► Formamos los contrarios de algunos adjetivos poniendo delante el prefijo **in-**, que se escribe de forma distinta dependiendo de la letra por la que empieza la palabra:
>
> | i- | si la palabra empieza por **l**: *ilegal*.
>
> | im- | si la palabra empieza por **m** / **b**: *imperfecto*.
>
> | ir- | si la palabra empieza por **r**: *irracional*.
>
> | in- | en los demás casos: *inseguro*.
>
> ► Formamos el contrario de algunos verbos poniendo delante el prefijo **des-**: *desenchufar, destapar, desordenar*.

B **Escribe los contrarios utilizando los prefijos *in-*, *im-*, *ir-*, *i-*, *des-*.**

1. Posible	*Imposible*
2. Real	_____
3. Útil	_____
4. Legal	_____
5. Probable	_____
6. Necesario	_____
7. Lógico	_____
8. Regular	_____
9. Moral	_____
10. Responsable	_____
11. Completo	_____

1. Conectar	*Desconectar*
2. Aparecer	_____
3. Ordenar	_____
4. Hacer	_____
5. Agradar	_____
6. Animar	_____
7. Cansar	_____
8. Congelar	_____
9. Acelerar	_____
10. Abrochar	_____
11. Colgar	_____

C **Completa con palabras del ejercicio anterior.**

1. Es *ilegal* vender alcohol a menores de 18 años.

2. Su hijo no estudia, sale todos los fines de semana y siempre tiene problemas con otros chicos, es muy _____ .

3. ¡María has _____ todos los papeles y ahora no encuentro nada!

4. Tengo que _____ mi habitación, no encuentro nada de lo que busco.

5. En ese ejercicio faltan varias respuestas, está _____ .

6. He estado toda la semana trabajando, este fin de semana necesito _____ .

7. Nosotros siempre _____ la comida en el microondas.

8. Es una chica muy _____ en los estudios, algunas veces tiene muy buenas notas y otras veces suspende.

9. ¿Dónde está tu hermano? Hace un momento estaba aquí y ahora ha _____ .

D Completa las frases con estas palabras.

| ~~ruidosa~~ | caluroso | histórico | económicos |

Esta calle es muy *ruidosa*.

Hoy es un día muy _____.

Ese fue un día _____.

Esta familia tiene problemas _____.

> ► Algunos de los sufijos de formación de adjetivos son:
>
> **-oso**, **-a**, **-os**, **-as**: ruido → *ruidoso, ruidosa, ruidosos, ruidosas.*
>
> **-ico**, **-a**, **-os**, **-as**: historia → *histórico, histórica, históricos, históricas.*

D ¿Cómo es...?

1. Un día que hace mucho calor.   *Caluroso*
2. Un hombre que tiene mucho poder.   _____
3. Un coche que hace mucho ruido.   _____
4. Un niño que siempre tiene miedo.   _____
5. Una operación que produce dolor.   _____
6. Un hecho importante para la historia.   *Histórico*
7. Un problema sobre un asunto de filosofía.   _____
8. Un acontecimiento relacionado con la economía.   _____
9. Los problemas relacionados con la psicología.   _____
10. Una persona que tiene alergia.   _____

15. *Repaso*

A Completa con las palabras.

| bolígrafo | calculadora | móvil | libros | gafas | ~~mochila~~ |

A. Carlitos, ¿has preparado ya la *mochila* (1)?

B. Sí, mamá, ya he guardado el diccionario, los _____ (2) de inglés, el _____ (3) rojo y el azul.

A. ¿Has cogido la _____ (4) para hacer los problemas de matemáticas?

B. Sí, ya está.

A. Pues venga, date prisa, que vamos a perder el autobús. Oye, ¿has visto mis _____ (5) de sol?

B. Sí, están en la mesa, al lado del _____ (6) .

B Coloca estas palabras en la columna correspondiente.

| ~~champú~~ | jarra | perfume | cuchara | plancha | vaso | horno | cuchillo |
| taza | tenedor | jabón | copa | cafetera | nevera | cepillo de dientes |

Recipientes para beber	Cubiertos	Electrodomésticos	Aseo personal
			champú

C Selecciona la opción correcta.

Madre: Paula, mientras yo (*voy / ando*)(1) al supermercado a (*poner / hacer*)(2) la compra, tú puedes (*fregar / limpiar*)(3) los platos y (*pasar / hacer*)(4) la aspiradora.

Paula: De acuerdo.

Carlos: ¿Y yo que hago, mamá?

Madre: Tú puedes (*recoger / hacer*)(5) la cama y (*planchar / limpiar*)(6) las camisas que he lavado.

Paula: ¿Y quién va a (*cocinar / hacer*)(7) la comida?

Madre: La haré yo cuando vuelva.

D Completa las frases con las palabras del recuadro.

| estación | taxi | metro | ~~avión~~ | atasco | billete | aparcar | coche | multa |

1. El *avión* es el medio de transporte más rápido.

2. Para viajar en metro tienes que comprar un _____.

3. Hay una _____ de tren muy cerca de mi casa.

4. Está prohibido _____ en doble fila. Si lo haces te pueden poner una _____.

6. A. No entiendo cómo puede haber _____ a las 3 de la madrugada en las calles más céntricas de Madrid.

   B. Sí, es que la gente sale mucho por la noche, y casi todos usan el _____.

   A. ¿No funciona el _____ por la noche?

   B. Sólo hasta la 1:30. Después hay autobuses nocturnos, pero mucha gente prefiere coger un _____.

E Escribe la palabra con significado contrario.

1. Rápido ≠ *Lento*   5. Cómodo _____   9. Fácil _____

2. Largo _____   6. Frío _____   10. Limpio _____

3. Gordo _____   7. Simpático _____   11. Amable _____

4. Nervioso _____   8. Generoso _____   12. Divertido _____

F Escribe en la columna correspondiente.

resfriado	jarabe	recetar medicamentos
alergia	infección	pastillas
antibióticos	poner el termómetro	hacer un análisis de sangre

Enfermedades	Medicinas	Lo hace el médico
resfriado		

G Bebidas y comidas.

1. Si tienes sed   a) sabe más dulce.

2. Si el café está amargo   b) sopa de verduras.

3. Cuando el plátano está maduro   c) compra agua mineral.

4. Si no te gusta el agua del grifo   d) bebe agua.

5. De primero quiero   e) tarta de chocolate.

6. De segundo   f) echa más azúcar.

7. De postre prefiero   h) filete de ternera.

H Completa este pasatiempo con:

1. 3. 4. Tres profesiones necesarias para hacer una película.

2. El que arregla la luz cuando se estropea.

5. El que diseña una casa.

6. El que pinta un cuadro o la pared de una casa.

5.

1. | C | A | M | A | R | A |

6.

4.

3.

2. | | | | C | | C | | T |

¿Qué están haciendo?

1. *Está tomando el sol.* 3. _____ . 5. _____ .

2. _____ . 4. _____ . 6. _____ .

J **¿Dónde están las personas que hablan?**

a) En una comisaría.	c) En una zapatería.	e) En un banco.
b) En una pescadería.	d) En una peluquería.	f) En una iglesia.

1. A. Buenos días, quería cortarme el pelo.

   B. Muy bien, siéntese un momento, por favor. ___d___

2. A. ¿Qué quería?

   B. Un kilo de sardinas. _____

3. A. ¿Me enseña su pasaporte, por favor?

   B. Aquí lo tiene. _____

4. A. Me quedan muy bien las botas, me las llevo.

   B. ¿Va a pagar con tarjeta de crédito o en efectivo?

   A. Con tarjeta. _____

5. A. Queremos celebrar aquí nuestra boda.

   B. ¿Qué día es?

   A. El 22 de mayo a las 10:00 h. Es un sábado.

   B. Lo siento, hay otra boda a esa misma hora. _____

6. A. He olvidado el número de mi tarjeta de crédito.

   B. ¿Me enseña su documento de identidad?

   A. Tome.

   B. Muy bien, enseguida lo comprobamos. _____

K **Relaciona.**

1. Un bote		a) bombones.
2. Una docena		b) flores.
3. Una botella	de	c) huevos.
4. Una caja		d) mermelada.
5. Un ramo		e) pan.
6. Una barra		f) aceite.

L Busca en la sopa de letras lo que son estos nombres.

Sahara	→	*Desierto*
Japón	→	_____
Mediterráneo	→	_____
Europa	→	_____
Pacífico	→	_____
Buenos Aires	→	_____
Chile	→	_____
Everest	→	_____

A	S	N	H	F	V	D	I	M	R
C	O	N	T	I	N	E	N	T	E
A	K	D	E	S	A	S	Y	B	C
P	A	N	M	I	D	I	Q	P	T
I	S	L	A	J	U	E	B	A	S
T	O	Z	R	A	I	R	X	I	E
A	G	I	R	L	R	T	B	S	U
L	O	C	E	A	N	O	D	M	X
U	E	M	O	N	T	A	Ñ	A	A

M Escribe la palabra con significado contrario.

1. Posible   *Imposible*

2. Útil   _____

3. Legal   _____

4. Responsable   _____

5. Completo   _____

6. Ordenar   _____

7. Colgar   _____

8. Cansar   _____

9. Hacer   _____

10. Enchufar   _____

N Completa con el adjetivo derivado.

1. Calor. → a) *Caluroso*

2. Poder. → b) _____

3. Ruido. → c) _____

4. Miedo. → d) _____

5. Economía. → e) _____

6. Psicología. → f) _____

Verbos

Verbos regulares

▶ TRABAJAR

Presente	Pret. indefinido	Pret. imperfecto	Futuro	Pret. perfecto
trabaj**o**	trabaj**é**	trabaj**aba**	trabaj**aré**	he trabaj**ado**
trabaj**as**	trabaj**aste**	trabaj**abas**	trabaj**arás**	has trabaj**ado**
trabaj**a**	trabaj**ó**	trabaj**aba**	trabaj**ará**	ha trabaj**ado**
trabaj**amos**	trabaj**amos**	trabaj**ábamos**	trabaj**aremos**	hemos trabaj**ado**
trabaj**áis**	trabaj**asteis**	trabaj**abais**	trabaj**aréis**	habéis trabaj**ado**
trabaj**an**	trabaj**aron**	trabaj**aban**	trabaj**arán**	han trabaj**ado**

Pret. pluscuamperfecto	Imperativo afirmativo/negativo		Presente de subjuntivo
había trabaj**ado**	trabaj**a** / no trabaj**es**	(tú)	trabaj**e**
habías trabaj**ado**	trabaj**e** / no trabaj**e**	(Vd.)	trabaj**es**
había trabaj**ado**	trabaj**ad** / no trabaj**éis**	(vosotros)	trabaj**e**
habíamos trabaj**ado**	trabaj**en** / no trabaj**en**	(Vdes.)	trabaj**emos**
habíais trabaj**ado**			trabaj**éis**
habían trabaj**ado**			trabaj**en**

▶ COMER

Presente	Pret. indefinido	Pret. imperfecto	Futuro	Pret. perfecto
com**o**	com**í**	com**ía**	com**eré**	he com**ido**
com**es**	com**iste**	com**ías**	com**erás**	has com**ido**
com**e**	com**ió**	com**ía**	com**erá**	ha com**ido**
com**emos**	com**imos**	com**íamos**	com**eremos**	hemos com**ido**
com**éis**	com**isteis**	com**íais**	com**eréis**	habéis com**ido**
com**en**	com**ieron**	com**ían**	com**erán**	han com**ido**

Pret. pluscuamperfecto	Imperativo afirmativo/negativo	Presente de subjuntivo
había comido	come / no comas (tú)	coma
habías comido	coma / no coma (Vd.)	comas
había comido	comed / no comáis (vosotros)	coma
habíamos comido	coman / no coman (Vdes.)	comamos
habíais comido		comáis
habían comido		coman

► VIVIR

Presente	Pret. indefinido	Pret. imperfecto	Futuro	Pret. perfecto
vivo	viví	vivía	viviré	he vivido
vives	viviste	vivías	vivirás	has vivido
vive	vivió	vivía	vivirá	ha vivido
vivimos	vivimos	vivíamos	viviremos	hemos vivido
vivís	vivisteis	vivíais	viviréis	habéis vivido
viven	vivieron	vivían	vivirán	han vivido

Pret. pluscuamperfecto	Imperativo afirmativo/negativo	Presente de subjuntivo
había vivido	vive / no vivas (tú)	viva
habías vivido	viva / no viva (Vd.)	vivas
había vivido	vivid / no viváis (vosotros)	viva
habíamos vivido	vivan / no vivan (Vdes.)	vivamos
habíais vivido		viváis
habían vivido		vivan

Verbos irregulares

► ACORDAR(SE)

Presente ind.	Indefinido	Futuro	Imperativo		Presente sub.
(me) acuerdo	acordé	acordaré	acuérda(te)	(tú)	acuerde
(te) acuerdas	acordaste	acordarás	acuérde(se)	(Vd.)	acuerdes
(se) acuerda	acordó	acordará	acorda(os)	(vosotros)	acuerde
(nos) acordamos	acordamos	acordaremos	acuérden(se)	(Vdes.)	acordemos
(os) acordáis	acordasteis	acordaréis			acordéis
(se) acuerdan	acordaron	acordarán			acuerden

► ACOSTAR(SE)

Presente ind.	Indefinido	Futuro	Imperativo		Presente sub.
(me) acuesto	acosté	acostaré	acuésta(te)	(tú)	acueste
(te) acuestas	acostaste	acostarás	acuéste(se)	(Vd.)	acuestes
(se) acuesta	acostó	acostará	acosta(os)	(vosotros)	acueste
(nos) acostamos	acostamos	acostaremos	acuésten(se)	(Vdes.)	acostemos
(os) acostáis	acostasteis	acostaréis			acostéis
(se) acuestan	acostaron	acostarán			acuesten

► ANDAR

Presente ind.	Indefinido	Futuro	Imperativo		Presente sub.
ando	anduve	andaré	anda	(tú)	ande
andas	anduviste	andarás	ande	(Vd.)	andes
anda	anduvo	andará	andad	(vosotros)	ande
andamos	anduvimos	andaremos	anden	(Vdes.)	andemos
andáis	anduvisteis	andaréis			andéis
andan	anduvieron	andarán			anden

► APROBAR

Presente ind.	Indefinido	Futuro	Imperativo	Presente sub.
apruebo	aprobé	aprobaré	aprueba (tú)	apruebe
apruebas	aprobaste	aprobarás	apruebe (Vd.)	apruebes
aprueba	aprobó	aprobará	aprobad (vosotros)	apruebe
aprobamos	aprobamos	aprobaremos	aprueben (Vdes.)	aprobemos
aprobáis	aprobasteis	aprobaréis		aprobéis
aprueban	aprobaron	aprobarán		aprueben

► CERRAR

Presente ind.	Indefinido	Futuro	Imperativo	Presente sub.
cierro	cerré	cerraré	cierra (tú)	cierre
cierras	cerraste	cerrarás	cierre (Vd.)	cierres
cierra	cerró	cerrará	cerrad (vosotros)	cierre
cerramos	cerramos	cerraremos	cierren (Vdes.)	cerremos
cerráis	cerrasteis	cerraréis		cerréis
cierran	cerraron	cerrarán		cierren

► CONOCER

Presente ind.	Indefinido	Futuro	Imperativo	Presente sub.
conozco	conocí	conoceré	conoce (tú)	conozca
conoces	conociste	conocerás	conozca (Vd.)	conozcas
conoce	conoció	conocerá	conoced (vosotros)	conozca
conocemos	conocimos	conoceremos	conozcan (Vdes.)	conozcamos
conocéis	conocisteis	conoceréis		conozcáis
conocen	conocieron	conocerán		conozcan

► DAR

Presente ind.	Indefinido	Futuro	Imperativo	Presente sub.
doy	di	daré	da (tú)	dé
das	diste	darás	dé	(Vd.) des
da	dio	dará	dad (vosotros)	dé
damos	dimos	daremos	den (Vdes.)	demos
dais	disteis	daréis		deis
dan	dieron	darán		den

► DECIR

Presente ind.	Indefinido	Futuro	Imperativo	Presente sub.
digo	dije	diré	di (tú)	diga
dices	dijiste	dirás	diga (Vd.)	digas
dice	dijo	dirá	decid (vosotros)	diga
decimos	dijimos	diremos	digan (Vdes.)	digamos
decís	dijisteis	diréis		digáis
dicen	dijeron	dirán		digan

► DESPERTAR(SE)

Presente ind.	Indefinido	Futuro	Imperativo	Presente sub.
(me) despierto	desperté	despertaré	despierta (tú)	despierte
(te) despiertas	despertaste	despertarás	despierte (Vd.)	despiertes
(se) despierta	despertó	despertará	desperta(os) (vosotros)	despierte
(nos) despertamos	despertamos	despertaremos	despierten (Vdes.)	despertemos
(os) despertáis	despertasteis	despertaréis		despertéis
(se) despiertan	despertaron	despertarán		despierten

► DIVERTIR(SE)

Presente ind.	Indefinido	Futuro	Imperativo		Presente sub.
(me) divierto	divertí	divertiré	diviérte(te)	(tú)	divierta
(te) diviertes	divertiste	divertirás	diviérta(se)	(Vd.)	diviertas
(se) divierte	divirtió	divertirá	divertí(os)	(vosotros)	divierta
(nos) divertimos	divertimos	divertiremos	diviértan(se)	(Vdes.)	divirtamos
(os) divertís	divertisteis	divertiréis			divirtáis
(se) divierten	divirtieron	divertirán			diviertan

► DORMIR

Presente ind.	Indefinido	Futuro	Imperativo		Presente sub.
duermo	dormí	dormiré	duerme	(tú)	duerma
duermes	dormiste	dormirás	duerma	(Vd.)	duermas
duerme	durmió	dormirá	dormid	(vosotros)	duerma
dormimos	dormimos	dormiremos	duerman	(Vdes.)	durmamos
dormís	dormisteis	dormiréis			durmáis
duermen	durmieron	dormirán			duerman

► EMPEZAR

Presente ind.	Indefinido	Futuro	Imperativo		Presente sub.
empiezo	empecé	empezaré	empieza	(tú)	empiece
empiezas	empezaste	empezarás	empiece	(Vd.)	empieces
empieza	empezó	empezará	empezad	(vosotros)	empiece
empezamos	empezamos	empezaremos	empiecen	(Vdes.)	empecemos
empezáis	empezasteis	empezaréis			empecéis
empiezan	empezaron	empezarán			empiecen

▶ ENCONTRAR

Presente ind.	Indefinido	Futuro	Imperativo		Presente sub.
encuentro	encontré	encontraré	encuentra	(tú)	encuentre
encuentras	encontraste	encontrarás	encuentre	(Vd.)	encuentres
encuentra	encontró	encontrará	encontrad	(vosotros)	encuentre
encontramos	encontramos	encontraremos	encuentren	(Vdes.)	encontremos
encontráis	encontrasteis	encontraréis			encontréis
encuentran	encontraron	encontrarán			encuentren

▶ ESTAR

Presente ind.	Indefinido	Futuro	Imperativo		Presente sub.
estoy	estuve	estaré	está / no estés	(tú)	esté
estás	estuviste	estarás	esté / no esté	(Vd.)	estés
está	estuvo	estará	estad / no estéis	(vosotros)	esté
estamos	estuvimos	estaremos	estén / no estén	(Vdes.)	estemos
estáis	estuvisteis	estaréis			estéis
están	estuvieron	estarán			estén

▶ HACER

Presente ind.	Indefinido	Futuro	Imperativo		Presente sub.
hago	hice	haré	haz / no hagas	(tú)	haga
haces	hiciste	harás	haga / no haga	(Vd.)	hagas
hace	hizo	hará	haced / no hagáis	(vosotros)	haga
hacemos	hicimos	haremos	hagan / no hagan	(Vdes.)	hagamos
hacéis	hicisteis	haréis			hagáis
hacen	hicieron	harán			hagan

► HABER

Presente ind.	Indefinido	Futuro	Imperativo	Presente sub.
he	hube	habré	he / no hayas (tú)	haya
has	hubiste	habrás	haya / no haya (Vd.)	hayas
ha	hubo	habrá	habed / no hayáis (vosotros)	haya
hemos	hubimos	habremos	hayan / no hayan (Vdes.)	hayamos
habéis	hubisteis	habréis		hayáis
han	hubieron	habrán		hayan

► IR

Presente ind.	Indefinido	Futuro	Imperativo		Presente sub.
voy	fui	iré	ve / no vayas	(tú)	vaya
vas	fuiste	irás	vaya / no vaya	(Vd.)	vayas
va	fue	irá	id / no vayáis	(vosotros)	vaya
vamos	fuimos	iremos	vayan / no vayan (Vdes.)		vayamos
vais	fuisteis	iréis			vayáis
van	fueron	irán			vayan

► JUGAR

Presente ind.	Indefinido	Futuro	Imperativo		Presente sub.
juego	jugué	jugaré	juega / no juegues	(tú)	juegue
juegas	jugaste	jugarás	juegue / no juegue	(Vd.)	juegues
juega	jugó	jugará	jugad / no juguéis	(vosotros)	juegue
jugamos	jugamos	jugaremos	jueguen / no jueguen (Vdes.)		juguemos
jugáis	jugasteis	jugaréis			juguéis
juegan	jugaron	jugarán			jueguen

► LEER

Presente ind.	Indefinido	Futuro	Imperativo		Presente sub.
leo	leí	leeré	lee /no leas	(tú)	lea
lees	leíste	leerás	lea / no lea	(Vd.)	leas
lee	leyó	leerá	leed / no leáis	(vosotros)	lea
leemos	leímos	leeremos	lean / no lean	(Vdes.)	leamos
leéis	leísteis	leeréis			leáis
leen	leyeron	leerán			lean

► OÍR

Presente ind.	Indefinido	Futuro	Imperativo		Presente sub.
oigo	oí	oiré	oye / no oigas	(tú)	oiga
oyes	oíste	oirás	oiga / no oiga	(Vd.)	oigas
oye	oyó	oirá	oíd / no oigáis	(vosotros)	oiga
oímos	oímos	oiremos	oigan / no oigan	(Vdes.)	oigamos
oís	oísteis	oiréis			oigáis
oyen	oyeron	oirán			oigan

► PEDIR

Presente ind.	Indefinido	Futuro	Imperativo		Presente sub.
pido	pedí	pediré	pide / no pidas	(tú)	pida
pides	pediste	pedirás	pida / no pida	(Vd.)	pidas
pide	pidió	pedirá	pedid / no pidáis	(vosotros)	pida
pedimos	pedimos	pediremos	pidan / no pidan	(Vdes.)	pidamos
pedís	pedisteis	pediréis			pidáis
piden	pidieron	pedirán			pidan

▶ PREFERIR

Presente ind.	Indefinido	Futuro	Imperativo		Presente sub.
prefiero	preferí	preferiré	prefiere / no prefieras	(tú)	prefiera
prefieres	preferiste	preferirás	prefiera / no prefiera	(Vd.)	prefieras
prefiere	prefirió	preferirá	preferid / no prefiráis	(vosotros)	prefiera
preferimos	preferimos	preferiremos	prefieran / no prefieran	(Vdes.)	prefiramos
preferís	preferisteis	preferiréis			prefiráis
prefieren	prefirieron	preferirán			prefieran

▶ PODER

Presente ind.	Indefinido	Futuro	Imperativo		Presente sub.
puedo	pude	podré	puede / no puedas	(tú)	pueda
puedes	pudiste	podrás	pueda / no pueda	(Vd.)	puedas
puede	pudo	podrá	poded / no podáis	(vosotros)	pueda
podemos	pudimos	podremos	puedan / no puedan	(Vdes.)	podamos
podéis	pudisteis	podréis			podáis
pueden	pudieron	podrán			puedan

▶ PONER

Presente ind.	Indefinido	Futuro	Imperativo		Presente sub.
pongo	puse	pondré	pon / no pongas	(tú)	ponga
pones	pusiste	pondrás	ponga / no ponga	(Vd.)	pongas
pone	puso	pondrá	poned / no pongáis	(vosotros)	ponga
ponemos	pusimos	pondremos	pongan / no pongan	(Vdes.)	pongamos
ponéis	pusisteis	pondréis			pongáis
ponen	pusieron	pondrán			pongan

▶ QUERER

Presente ind.	Indefinido	Futuro	Imperativo		Presente sub.
quiero	quise	querré	quiere / no quieras	(tú)	quiera
quieres	quisiste	querrás	quiera / no quiera	(Vd.)	quieras
quiere	quiso	querrá	quered / no queráis	(vosotros)	quiera
queremos	quisimos	querremos	quieran / no quieran	(Vdes.)	queramos
queréis	quisisteis	querréis			queráis
quieren	quisieron	querrán			quieran

▶ RECORDAR

Presente ind.	Indefinido	Futuro	Imperativo		Presente sub.
recuerdo	recordé	recordaré	recuerda / no recuerdes	(tú)	recuerde
recuerdas	recordaste	recordarás	recuerde / no recuerde	(Vd.)	recuerdes
recuerda	recordó	recordará	recordad / no recordéis	(vosotros)	recuerde
recordamos	recordamos	recordaremos	recuerden / no recuerden	(Vdes.)	recordemos
recordáis	recordasteis	recordaréis			recordéis
recuerdan	recordaron	recordarán			recuerden

▶ SABER

Presente ind.	Indefinido	Futuro	Imperativo		Presente sub.
sé	supe	sabré	sabe / no sepas	(tú)	sepa
sabes	supiste	sabrás	sepa / no sepa	(Vd.)	sepas
sabe	supo	sabrá	sabed / no sepáis	(vosotros)	sepa
sabemos	supimos	sabremos	sepan / no sepan	(Vdes.)	sepamos
sabéis	supisteis	sabréis			sepáis
saben	supieron	sabrán			sepan

► SALIR

Presente ind.	Indefinido	Futuro	Imperativo		Presente sub.
salgo	salí	saldré	sal / no salgas	(tú)	salga
sales	saliste	saldrás	salga / no salga	(Vd.)	salgas
sale	salió	saldrá	salid / no salgáis	(vosotros)	salga
salimos	salimos	saldremos	salgan / no salgan	(Vdes.)	salgamos
salís	salisteis	saldréis			salgáis
salen	salieron	saldrán			salgan

► SEGUIR

Presente ind.	Indefinido	Futuro	Imperativo		Presente sub.
sigo	seguí	seguiré	sigue / no sigas	(tú)	siga
sigues	seguiste	seguirás	siga / no siga	(Vd.)	sigas
sigue	siguió	seguirá	seguid / no sigáis	(vosotros)	siga
seguimos	seguimos	seguiremos	sigan / no sigan	(Vdes.)	sigamos
seguís	seguisteis	seguiréis			sigáis
siguen	siguieron	seguirán			sigan

► SER

Presente ind.	Indefinido	Futuro	Imperativo		Presente sub.
soy	fui	seré	sé / no seas	(tú)	sea
eres	fuiste	serás	sea / no sea	(Vd.)	seas
es	fue	será	sed / no seáis	(vosotros)	sea
somos	fuimos	seremos	sean / no sean	(Vdes.)	seamos
sois	fuisteis	seréis			seáis
son	fueron	serán			sean

▶ SERVIR

Presente ind.	Indefinido	Futuro	Imperativo		Presente sub.
sirvo	serví	serviré	sirve / no sirvas	(tú)	sirva
sirves	serviste	servirás	sirva / no sirva	(Vd.)	sirvas
sirve	sirvió	servirá	servid / no sirváis	(vosotros)	sirva
servimos	servimos	serviremos	sirvan / no sirvan	(Vdes.)	sirvamos
servís	servisteis	serviréis			sirváis
sirven	sirvieron	servirán			sirvan

▶ TRADUCIR

Presente ind.	Indefinido	Futuro	Imperativo		Presente sub.
traduzco	traduje	traduciré	traduce / no traduzcas	(tú)	traduzca
traduces	tradujiste	traducirás	traduzca / no traduzca	(Vd.)	traduzcas
traduce	tradujo	traducirá	traducid / no traduzcáis	(vosotros)	traduzca
traducimos	tradujimos	traduciremos	traduzcan / no traduzcan	(Vdes.)	traduzcamos
traducís	tradujisteis	traduciréis			traduzcáis
traducen	tradujeron	traducirán			traduzcan

▶ VENIR

Presente ind.	Indefinido	Futuro	Imperativo		Presente sub.
vengo	vine	vendré	ven / no vengas	(tú)	venga
vienes	viniste	vendrás	venga / no venga	(Vd.)	vengas
viene	vino	vendrá	venid / no vengáis	(vosotros)	venga
venimos	vinimos	vendremos	vengan / no vengan	(Vdes.)	vengamos
venís	vinisteis	vendréis			vengáis
vienen	vinieron	vendrán			vengan

▶ VOLVER

Presente ind.	Indefinido	Futuro	Imperativo		Presente sub.
vuelvo	volví	volveré	vuelve / no vuelvas	(tú)	vuelva
vuelves	volviste	volverás	vuelva / no vuelva	(Vd.)	vuelvas
vuelve	volvió	volverá	volved / no volváis	(vosotros)	vuelva
volvemos	volvimos	volveremos	vuelvan / no vuelvan	(Vdes.)	volvamos
volvéis	volvisteis	volveréis			volváis
vuelven	volvieron	volverán			vuelvan

Clave

Gramática

Unidad 1

Situaciones:

1. *b*; **2.** *c*; **3.** *d*; **4.** *a.*

A 1. *A mí este piso me parece caro;* **2.** *¿A ti qué te parece este coche?;* **3.** *¿A tu marido qué le parece la casa que se han comprado los Martínez?;* **4.** *A nosotros nos parecen mal las obras de la autopista;* **5.** *¿A vosotros os parece eficaz este gobierno?;* **6.** *A ellos no les parecen bastante buenos los mariscos.*

B 1. *¿Qué le pasa a María? Parece enfadada;* **2.** *A nosotros nos molesta mucho la tele de los vecinos;* **3.** *A. Carmen, ¿cómo me queda esta falda? ¿Me la compro?; B. Bueno, yo creo que no te queda mal. Cómpratela;* **4.** *Fernando, ¿qué te parece mi nueva moto?;* **5.** *A ellos no les cae bien el novio de su hija;* **6.** *¿Le molesta el tabaco, señor Martínez?;* **7.** *¿Os gustan las patatas fritas, niños?;* **8.** *A. Cariño, ¿te pasa algo? B. No, no me pasa nada;* **9.** *A mi padre le molestan mucho los ruidos de la calle;* **10.** *A. ¿A vosotros qué os parecen los pisos que están haciendo? B. Bien, son bonitos, pero muy caros, ¿no?;* **11.** *A Andrés todos los días le duele la cabeza;* **12.** *Si a Vdes. les molesta el aire acondicionado, podemos quitarlo.*

C 1. *A ella no le cae bien Roberto;* **2.** *A nosotros nos parece bien tu compra;* **3.** *A mí me duele el estómago;* **4.** *A Luisa le quedan mal las faldas largas;* **5.** *A Miguel le molestan los vecinos;* **6.** *A ellas les encanta bailar y cantar;* **7.** *A Rosa no le pasa nada;* **8.** *¿A ti te cae bien el novio de Ana?;* **9.** *¿A ti te parece bien este gobierno?;* **10.** *¿A Vd. le cae bien la directora del banco?;* **11.** *¿A vosotros os cae bien el nuevo jefe del departamento?;* **12.** *¿A Vdes. les pasa algo?;* **13.** *A nosotros no nos molesta el ruido;* **14.** *A ella le molesta todo.*

D 1. *A mí me encanta leer;* **2.** *A Roberto le quedan mal los vaqueros;* **3.** *A ellos les caen mal las personas egoístas;* **4.** *A mí me gustan las matemáticas;* **5.** *A Roberto le cae bien la profesora de inglés;* **6.** *A ellos les encanta la camisa azul.*

E 1. *No me gustan nada los animales;* **2.** *No me cae bien la nueva directora;* **3.** *¿Te parece bien la reforma del museo?;* **4.** *Esos pantalones te quedan muy mal;* **5.** *No le queda bien esa chaqueta;*

6. A mis hijos no les gustan nada las verduras; **7.** A Pepa le encanta el pescado; **8.** A los españoles les encanta el fútbol; **9.** A Roberto le parece bien la reforma de la Constitución; **10.** A nosotros nos gustan mucho las fiestas tradicionales.

F **1.** te gusta; **2.** te gusta; **3.** me gustan; **4.** Te gustan; **5.** me gusta; **6.** Me gusta; **7.** Me gustan; **8.** le gusta; **9.** me gusta; **10.** le gustan; **11.** le gustan; **12.** me gusta; **13.** le gusta; **14.** me gustan; **15.** les gusta.

Unidad 2

Situaciones:

1. a; **2.** c; **3.** b; **4.** d.

A **1.** He quedado; **2.** llevarme; **3.** llevar; **4.** ponerme; **5.** pongo; **6.** hemos quedado; **7.** nos hemos quedado; **8.** las encuentro; **9.** se pone; **10.** me encontré; **11.** se llevaban; **12.** Se lo ha llevado; **13.** llevas; **14.** ponerte.

B **1.** se casó; **2.** tuvo; **3.** se divorció; **4.** se casó; **5.** tuvo; **6.** se divorció; **7.** se casó.

Unidad 3

Situaciones:

1. tenía; **2.** jugaba; **3.** había; **4.** eran; **5.** había.

A **1.** salíamos; **2.** estudiaba / era; **3.** tenía; **4.** gustaba; **5.** veía / jugaba; **6.** hacían; **7.** era / era / estaba.

B **1.** ...antes escribía a máquina, mandaba cartas y pegaba sellos, pero ahora escribe con ordenador y manda correos electrónicos; **2.** ...antes bebía alcohol, comía comida rápida, veía la tele y no hacía deporte, pero ahora juega al tenis; **3.** Antes de eso salían con los amigos, iban al cine, viajaban y tocaban el piano, pero ahora cambian pañales, dan de comer al niño y van al pediatra.

Unidad 4

A **1.** pude, pudo, pudieron; **2.** dije, dijo, dijeron; **3.** estuve, estuvo, estuvieron; **4.** puse, puso, pusieron; **5.** tuve, tuvo, tuvieron; **6.** pedí, pidió, pidieron; **7.** hice, hizo, hicieron; **8.** quise, quiso, quisieron; **9.** leí, leyó, leyeron; **10.** dormí, durmió, durmieron.

B **Crucigrama A. Horizontales: 1.** *crucé;* **2.** *expliqué;* **3.** *buscó.* **Verticales: 1.** *llegué;* **2.** *busqué.*
Crucigrama B. Horizontales: 1. *llegaron;* **2.** *acerqué;* **3.** *pegué.* **Verticales: 1.** *empecé;* **2.** *aparqué;*
3. *cruzó.*

C **1.** *comí;* **2.** *estuvimos;* **3.** *salí / quedé;* **4.** *estudiaste;* **5.** *fueron;* **6.** *gustó;* **7.** *dijo;* **8.** *pidió / contestó;*
9. *vinieron;* **10.** *vine / fui;* **11.** *vimos;* **12.** *leí;* **13.** *pusieron;* **14.** *invitaron / quiso;* **15.** *hice / vi.*

D **1.** *Lola llevó a los niños al colegio;* **2.** *fue al banco;* **3.** *fue al gimnasio;* **4.** *compró el pan;* **5.** *limpió la casa;* **6.** *hizo la comida;* **7.** *comió sola;* **8.** *vio la tele;* **9.** *planchó la ropa;* **10.** *recogió a los niños;* **11.** *navegó por internet;* **12.** *habló por teléfono.*

E **1.** *Nació;* **2.** *empezó;* **3.** *se casó;* **4.** *se fue;* **5.** *entró;* **6.** *nombró;* **7.** *tuvo;* **8.** *conoció;* **9.** *pintó;* **10.** *hizo;*
11. *estudió;* **12.** *fue;* **13.** *regresó;* **14.** *pintó;* **15.** *mejoró;* **16.** *murió.*

F **1.** *A. ¿Dónde nació Diego Velásquez? B. En Sevilla;* **2.** *A. ¿Con quién se casó? B. Con la hija de su maestro;* **3.** *A. ¿En qué año se fue a Madrid? B. En 1622;* **4.** *A. ¿Dónde entró a trabajar? B. En el Palacio de Felipe IV;* **5.** *A. ¿A quién conoció en 1628? B. A Rubens;* **6.** *A. ¿Cuándo regresó de Italia? B. En 1631;* **7.** *A. ¿En qué año murió Velázquez? B. En 1660.*

Unidad 5

A **1.** *a;* **2.** *g;* **3.** *b;* **4.** *d;* **5.** *h;* **6.** *e;* **7.** *f;* **8.** *c.*

B **1.** *he sido, ha sido, hemos sido;* **2.** *he visto, ha visto, hemos visto;* **3.** *he comido, ha comido, hemos comido;* **4.** *he escrito, ha escrito, hemos escrito;* **5.** *he recibido, ha recibido, hemos recibido;*
6. *he bebido, ha bebido, hemos bebido;* **7.** *he vivido, ha vivido, hemos vivido;* **8.** *he vuelto, ha vuelto, hemos vuelto;* **9.** *he abierto, ha abierto, hemos abierto;* **10.** *he hecho, ha hecho, hemos hecho;* **11.** *he estado, ha estado, hemos estado;* **12.** *he dicho, ha dicho, hemos dicho.*

C **1.** *ha sido;* **2.** *he tenido;* **3.** *he visto;* **4.** *he preguntado;* **5.** *ha contestado;* **6.** *he dicho;* **7.** *ha contestado;* **8.** *hemos ido;* **9.** *hemos estudiado;* **10.** *ha invitado;* **11.** *ha acompañado;* **12.** *ha sido;*
13. *hemos hablado.*

D **1.** *¿Has estado en México alguna vez?;* **2.** *¿Has trabajado en un restaurante?;* **3.** *¿Te has bañado de noche en la playa?;* **4.** *¿Has escrito poesía?;* **5.** *¿Has fumado alguna vez?;* **6.** *¿Has comido paella?;*
7. *¿Has perdido las llaves alguna vez?;* **8.** *¿Has dormido alguna vez en un parque?;* **9.** *¿Has salido alguna vez en la tele?;* **10.** *¿Has ganado algún premio?*

E **1.** *has estado;* **2.** *has visto / he visto;* **3.** *ha abierto;* **4.** *he puesto / ha visto;* **5.** *hemos ahorrado;* **6.** *he leído;* **7.** *ha escrito;* **8.** *han tenido;* **9.** *hemos jugado.*

F **1.** *he parado;* **2.** *he recibido;* **3.** *he escrito;* **4.** *he tenido;* **5.** *he comido;* **6.** *he tenido;* **7.** *he hecho;* **8.** *ha venido;* **9.** *han estado;* **10.** *he ordenado;* **11.** *he visto;* **12.** *ha dicho.*

Unidad 6

Situaciones:
a. *2;* **b.** *3;* **c.** *1;* **d.** *4.*

A **1.** *¿Cuántos hijos tienes?;* **2.** *¿Cuántas alumnas hay en tu clase?;* **3.** *¿Cuánto te ha costado el libro de gramática?;* **4.** *¿Cuánta agua ha caído en Andalucía?;* **5.** *¿Cuántas preguntas tenía el examen de matemáticas?;* **6.** *¿Cuántos CD de Alejandro Sanz tienes?;* **7.** *¿Cuánto ganas al mes en la empresa nueva?;* **8.** *¿Cuántos tomates has traído?;* **9.** *¿Cuánta azúcar quieres en el café?*

B **1.** *c; A. ¿Cómo se hace la tortilla de patatas? B. Con huevo, patata y cebolla. /* **2.** *g; A. ¿Cuál es el pico más alto del mundo? B. El Everest, ¿no? /* **3.** *a; A. ¿Dónde has comprado estos muebles? B. En una tienda del centro. /* **4.** *f; A. ¿Quién ha llamado por teléfono? B. Mi tía Julia. /* **5.** *j; A. ¿Qué has hecho el fin de semana? B. Nada especial. /* **6.** *k; A. ¿Qué pantalones te gustan más? B. Aquellos. /* **7.** *i; A. ¿Dónde hay una papelería? B. En la calle Goya. /* **8.** *l; A. ¿Quiénes vendrán a la cena? B. Loli y Jorge. /* **9.** *d; A. ¿Cuál prefieres, esta o esa? B. Me gusta más esa. /* **10.** *e; A. ¿Cuándo te vas a casar? B. El año que viene. /* **11.** *h; A. ¿Cómo te ha salido el examen? B. Yo creo que bien. /* **12.** *b; A. ¿Qué quieres hacer mañana? B. No sé, a lo mejor voy al cine.*

C **1.** *¿Cómo se llama?;* **2.** *¿Dónde vive?;* **3.** *¿Cuál es su dirección de correo electrónico?;* **4.** *¿Cuándo terminó de estudiar?;* **5.** *¿Dónde cursó sus estudios?;* **6.** *¿Cuántos idiomas habla?;* **7.** *¿Dónde ha trabajado antes?;* **8.** *¿Cuánto tiempo ha trabajado en esa empresa?;* **9.** *¿Qué le gusta hacer en su tiempo libre?;* **10.** *¿Cuándo puede empezar?*

D **1.** *Qué;* **2.** *Qué;* **3.** *Cuál;* **4.** *Qué;* **5.** *Qué;* **6.** *Cuál;* **7.** *Qué;* **8.** *Qué;* **9.** *Qué;* **10.** *Cuál;* **11.** *Qué;* **12.** *Cuál.*

E **1.** *A. ¿Qué has comprado? B. Una novela de Vargas Llosa;* **2.** *A. ¿Dónde vive David? B. En Santiago de Chile;* **3.** *A. ¿Cuánto cuesta el billete de metro? B. 1,35 euros;* **4.** *A. ¿Dónde te espero? B. En la puerta del cine Novedades;* **5.** *A. ¿Qué te ha dicho Rosa? B. Que no puede venir;* **6.** *A. ¿Qué te ha dado tu padre? B. Me ha dado 50 euros para el viaje;* **7.** *A. ¿Cómo has venido desde la oficina? B. He venido andando.*

Unidad 7

Situaciones:

Primer dibujo, *3;* **segundo dibujo,** *1;* **tercer dibujo,** *2.*

A **1.** *he perdido;* **2.** *ha abierto;* **3.** *vi;* **4.** *he levantado;* **5.** *Conocí / casamos;* **6.** *fui;* **7.** *han robado;* **8.** *ha ido;* **9.** *ha casado.*

B **1.** *A. Has leído / B. he tenido;* **2.** *A. Has visto / B. vi;* **3.** *A. has estado / B. estuve / fui;* **4.** *A. has hecho / B. limpié / salí.*

Unidad 8

A **1.** *quería, estudié;* **2.** *visitaba, leía;* **3.** *creía, bailaban;* **4.** *pensaba, trabajaba;* **5.** *quería, quedó;* **6.** *veníamos, encontrábamos;* **7.** *llamaron, salía;* **8.** *ayudaba, tenía;* **9.** *conocí, vivía;* **10.** *estudiaba, fui;* **11.** *quería, casó;* **12.** *compraron, estaba, vendieron;* **13.** *A. Compraste; B. compré / había;* **14.** *Llamó, contestaron.*

B **1.** *íbamos, fuimos;* **2.** *salí, me encontré, venían;* **3.** *se trasladó, conoció, era;* **4.** *estuvimos, vimos, pedía, sabía, estaban, se metieron, sacaron;* **5.** *se casaron, querían, quisieron, se quedaron.*

C **1.** *empezó;* **2.** *tenía;* **3.** *daba;* **4.** *fue;* **5.** *tocaba;* **6.** *fue;* **7.** *quería;* **8.** *decía;* **9.** *tenía;* **10.** *tenía;* **11.** *ganó;* **12.** *decidió;* **13.** *Ha bailado;* **14.** *Ha actuado;* **15.** *ha aplaudido;* **16.** *es;* **17.** *tiene.*

D **1.** *porque;* **2.** *Mientras;* **3.** *Cuando;* **4.** *como;* **5.** *Como;* **6.** *que;* **7.** *porque;* **8.** *Cuando;* **9.** *Mientras;* **10.** *porque;* **11.** *Como.*

E **1.** *Incorrecta: Mis abuelos tenían un perro que se llamaba Rápido;* **2.** *Incorrecta: Ayer no vine a trabajar porque me dolía mucho la cabeza;* **3.** *Correcta;* **4.** *Incorrecta: El domingo vi una película de Almodóvar y me gustó mucho;* **5.** *Incorrecta: Mi hermana vivió tres años en Brasil;* **6.** *Incorrecta: Roberto y Luisa tuvieron un accidente cuando fueron a la sierra;* **7.** *Incorrecta: Ayer, no tenía trabajo y salí antes de la oficina;* **8.** *Correcta;* **9.** *Incorrecta: Isabel fue directora de su departamento hasta 2002;* **10.** *Correcta;* **11.** *Correcta;* **12.** *Incorrecta: Cuando estaba enfermo, leía muchas novelas.*

Situaciones:

a. *2;* **b.** *1;* **c.** *6;* **d.** *3;* **e.** *5;* **f.** *4;* **g.** *7.*

A **1.** *Mi hermano estaba esquiando y se rompió una pierna / Mi hermano se rompió una pierna cuando estaba esquiando;* **2.** *Luis estaba comprando en horas de trabajo y se encontró con su jefe / Luis se encontró con su jefe cuando estaba comprando en horas de trabajo;* **3.** *Graciela estaba pintando la pared y se cayó de la escalera / Graciela se cayó de la escalera cuando estaba pintando la pared;* **4.** *Estaba limpiando la casa y tuve un pequeño accidente con la aspiradora / Tuve un pequeño accidente con la aspiradora cuando estaba limpiando la casa;* **5.** *Roberto estaba preparando la comida y se quemó / Roberto se quemó cuando estaba preparando la comida;* **6.** *Estábamos cenando en un restaurante y vimos al director de cine Alejandro Amenábar / Vimos al director de cine Alejandro Amenábar cuando estábamos cenando en un restaurante;* **7.** *Estaban bailando en una discoteca y oyeron unos disparos / Oyeron unos disparos cuando estaban bailando en una discoteca;* **8.** *El autobús llegó a la parada y chocó con un camión / El autobús chocó con un camión cuando llegó a la parada;* **9.** *Nosotras estábamos viendo la tele y no oímos el timbre de la puerta / No oímos el timbre de la puerta cuando estábamos viendo la tele.*

B **1.** *fuimos;* **2.** *estaba leyendo;* **3.** *estaba tomando;* **4.** *estaban jugando;* **5.** *fui;* **6.** *estaba pagando;* **7.** *estaba mirando;* **8.** *volví;* **9.** *llegué;* **10.** *estaba sacando;* **11.** *practicó;* **12.** *empezó.*

Situaciones:

1. *estábamos cenando;* **2.** *estuvimos cenando;* **3.** *hemos estado cenando;* **4.** *he estado esperando;* **5.** *estaba esperando;* **6.** *Estuve esperando.*

A **El marido:** *Yo he estado...;* **Jorge:** *Yo he estado estudiando...;* **Elena:** *Yo he estado ayudando...;* **Marta:** *Yo he estado pintando...;* **Carmen, (su suegra):** *Yo he estado haciendo...*

B **1.** *estaba trabajando;* **2.** *estábamos tomando;* **3.** *B. hemos estado descansando;* **4.** *ha estado gritando;* **5.** *estábamos saliendo;* **6.** *hemos estado hablando;* **7.** *estaba viviendo;* **8.** *B. estuvimos cenando;* **9.** *He estado buscando;* **10.** *B. estaba durmiendo.*

Unidad 11

Situaciones:
1. está; **2.** está; **3.** es; **4.** es.

A **1.** *está;* **2.** *son;* **3.** *está;* **4.** *está;* **5.** *es;* **6.** *es;* **7.** *está;* **8.** *está;* **9.** *es;* **10.** *es;* **11.** *es / está;* **12.** *está.*

B *A.* **1.** *es;* **2.** *tiene;* **3.** *está;* **4.** *es;* **5.** *tiene;* **6.** *es;* **7.** *Tienen;* **8.** *es;* **9.** *es;* **10.** *está. / B.* **1.** *son;* **2.** *es;* **3.** *es;* **4.** *tienen;* **5.** *es;* **6.** *es;* **7.** *está;* **8.** *es;* **9.** *está;* **10.** *está;* **11.** *tiene;* **12.** *está.*

C **1.** *es;* **2.** *es;* **3.** *es;* **4.** *es;* **5.** *es;* **6.** *está;* **7.** *es;* **8.** *soy;* **9.** *está;* **10.** *es;* **11.** *está;* **12.** *es;* **13.** *es.*

D **1.** *está;* **2.** *están;* **3.** *es;* **4.** *A. es, B. es;* **5.** *está;* **6.** *B. es;* **7.** *estás;* **8.** *B. está;* **9.** *A. está, B. está;* **10.** *son;* **11.** *está;* **12.** *está.*

E **1.** *Mi pueblo es tranquilo;* **2.** *Los autobuses son puntales;* **3.** *Las calles son estrechas;* **4.** *Las plazas son grandes;* **5.** *Mi piso está lejos del centro;* **6.** *Las tiendas están cerca;* **7.** *Los habitantes de mi ciudad son amables;* **8.** *Los edificios son modernos.*

Unidad 12

Situaciones:
1. en; **2.** de; **3.** con; **4.** de; **5.** en; **6.** en; **7.** de; **8.** con.

A **1.** *A. de / B. de;* **2.** *A. con / B. al;* **3.** *A. A / B. A, en, en;* **4.** *A. a, a / B. a, con;* **5.** *con;* **6.** *hasta, sin;* **7.** *con, con;* **8.** *A. A / B. a;* **9.** *hasta;* **10.** *A. a / B. sin / A. en / B. En, de;* **11.** *A. ø / B. de, a / B. desde, hasta.*

B **1.** *no es necesaria;* **2.** *no es necesaria;* **3.** *a, al, a.*

C **1.** *al,* **2.** *del,* **3.** *en,* **4.** *a;* **5.** *de,* **6.** *hasta,* **7.** *a,* **8.** *con,* **9.** *de,* **10.** *sin,* **11.** *a,* **12.** *en,* **13.** *a.*

Unidad 13

Situaciones:
Primer dibujo, *2;* **segundo dibujo,** *3;* **tercer dibujo,** *1.*

A 1. *Nadie quiere ir de excursión;* **2.** *Aquí no hay nada;* **3.** *¿Alguien ha visto algo?;* **4.** *No ha llamado nadie por teléfono;* **5.** *Pilar no quiere comer nada;* **6.** *No ha ido nadie al concierto;* **7.** *Alguien ha preguntado por ti;* **8.** *Nadie quiere saber nada.*

B 1. *alguien / No, no ha venido nadie;* **2.** *algo / No, no queda nada de comida;* **3.** *algún / No, no tengo ningún problema;* **4.** *alguien / No, no hay nadie en mi casa;* **5.** *algo / No, no he comprado nada a los niños;* **6.** *alguna / No, no he visto ninguna camisa bonita;* **7.** *alguna / No, no queda ninguna cosa que hacer.*

C 1. *alguna;* **2.** *algunas;* **3.** *algo;* **4.** *algo;* **5.** *alguna;* **6.** *alguna;* **7.** *algún;* **8.** *nada;* **9.** *alguna;* **10.** *ninguna;* **11.** *alguien;* **12.** *algo;* **13.** *nadie;* **14.** *nada.*

Unidad 14

Situaciones:
Primer dibujo, *b;* **segundo dibujo,** *c;* **tercer dibujo,** *a.*

A 1. *bastantes;* **2.** *todos;* **3.** *pocas;* **4.** *poco;* **5.** *todo;* **6.** *pocas;* **7.** *muchos;* **8.** *bastantes;* **9.** *demasiada.*

B 1. *demasiadas;* **2.** *todos;* **3.** *bastante;* **4.** *pocas;* **5.** *poco;* **6.** *todos los;* **7.** *demasiado;* **8.** *demasiada;* **9.** *bastante;* **10.** *un poco;* **11.** *bastantes;* **12.** *pocas.*

Unidad 15

Situaciones:
1. *tendrás;* **2.** *encontrarás;* **3.** *enamorarás;* **4.** *Harás;* **5.** *casarás;* **6.** *Conocerás;* **7.** *será.*

A 1. *llegará;* **2.** *devolveré;* **3.** *ganará;* **4.** *habrá;* **5.** *haré;* **6.** *prepararé;* **7.** *abrirán;* **8.** *pondré;* **9.** *vendrá;* **10.** *se casarán;* **11.** *podré;* **12.** *tendrás;* **13.** *hablaré.*

B 1. *me portaré;* **2.** *protestaré;* **3.** *pelearé;* **4.** *quitaré;* **5.** *Leeré;* **6.** *escucharé;* **7.** *hablaré;* **8.** *ayudaré;* **9.** *veré.*

Unidad 16

Situaciones:

1. *portáis, iremos;* **2.** *llama, dile;* **3.** *necesitas, llámame;* **4.** *llegamos, van a echar.*

A **1.** *e);* **2.** *c);* **3.** *a);* **4.** *f);* **5.** *b);* **6.** *g);* **7.** *d).*

B **1.** *hace;* **2.** *llueve;* **3.** *puedes;* **4.** *van;* **5.** *está;* **6.** *ayudas;* **7.** *llega;* **8.** *duele;* **9.** *levantamos;* **10.** *creéis.*

C **1.** *empieza una dieta y haz deporte;* **2.** *da un paseo;* **3.** *toma un Gelocatil;* **4.** *busca un trabajo;* **5.** *mira los anuncios del periódico;* **6.** *habla con los amigos;* **7.** *matricúlate en una escuela;* **8.** *llama a alguien;* **9.** *cambia la decoración;* **10.** *mira en Internet.*

Unidad 17

Situaciones:

Primer dibujo *d);* **segundo dibujo** *a);* **tercer dibujo** *c).*

A **1.** *más, que, más que;* **2.** *mejor que;* **3.** *más, que;* **4.** *peor, que;* **5.** *tanta;* **6.** *más;* **7.** *más, que;* **8.** *tantos;* **9.** *más, que;* **10.** *más;* **11.** *mejores;* **12.** *peores que.*

B **1.** *más;* **2.** *que;* **3.** *más;* **4.** *tanta;* **5.** *tan;* **6.** *como;* **7.** *más;* **8.** *más;* **9.** *tan;* **10.** *como.*

Unidad 18

Situaciones:

Primera persona, *Laura;* **segunda persona,** *Sergio;* **tercera persona,** *Ana;* **cuarta persona,** *David.*

A **1.** *guapísimo;* **2.** *muchísimo;* **3.** *riquísima;* **4.** *grandísima;* **5.** *inteligentísimo;* **6.** *enamoradísimos;* **7.** *simpatiquísima;* **8.** *cerquísima;* **9.** *feísimo.*

B **1.** *mayor, Mauna Loa;* **2.** *vendida, tomate;* **3.** *caluroso, Daliol, Etiopía;* **4.** *pesado, ballena azul;* **5.** *frío, Antártida;* **6.** *grande, Sáhara;* **7.** *grande, Australia;* **8.** *pequeño, gobio;* **9.** *grande, Amazonas.*

Unidad 19

Situaciones:

1. *había dejado;* **2.** *había discutido;* **3.** *habían despedido;* **4.** *había quitado.*

A 1. *Cuando entramos en el cine, la película ya había empezado;* **2.** *Cuando conocí a mi marido, ya había hecho la tesis doctoral;* **3.** *Cuando empecé a trabajar en esta empresa, ya había tenido a mi hijo;* **4.** *Cuando llegamos, ellos ya habían comido;* **5.** *Cuando Joaquín llamó, Luis ya había telefoneado;* **6.** *Cuando ellos fueron a Francia, yo ya había vuelto;* **7.** *Cuando Fernando le llamó, Julia ya había quedado con sus amigos;* **8.** *Cuando la policía llegó, los ladrones ya habían escapado por la ventana;* **9.** *Cuando nosotros llegamos, Susana ya había salido a comprar;* **10.** *Cuando Rosa me llamó el martes, yo ya me había enterado de lo de la boda.*

B 1. *había conocido, habían subido, se había comprado;* **2.** *había probado;* **3.** *habían viajado;* **4.** *había visto;* **5.** *había desaparecido;* **6.** *se había perdido, había vuelto;* **7.** *habíamos visto;* **8.** *había visto;* **9.** *había terminado;* **10.** *había dejado.*

C 1. *Nunca habían visto la nieve;* **2.** *Nunca habían probado la paella;* **3.** *Nunca se habían comprado un abrigo;* **4.** *Nunca habían oído hablar en catalán;* **5.** *Nunca habían tomado doce uvas en Nochevieja;* **6.** *Nunca habían montado en Metro;* **7.** *Nunca habían jugado al mus;* **8.** *Nunca habían visto el Museo del Prado.*

Unidad 20

Situaciones:

1. *hay que;* **2.** *hay que;* **3.** *tengo que;* **4.** *tienes que;* **5.** *tienes que;* **6.** *tenéis que.*

A 1. *hay / tienes;* **2.** *tengo;* **3.** *hay / tienes;* **4.** *hay / tienes;* **5.** *hay, hay;* **6.** *hay;* **7.** *tenemos;* **8.** *tengo;* **9.** *tienen;* **10.** *tengo.*

B 1. *tengo que;* **2.** *hay que;* **3.** *hay que;* **4.** *tenemos que;* **5.** *no hay que;* **6.** *hay que;* **7.** *tienes que* **8.** *tengo que.*

Unidad 21

Situaciones:

1. *lo;* **2.** *los / los;* **3.** *la.*

A **1.** *la;* **2.** *lo;* **3.** *los;* **4.** *la;* **5.** *...Te;* **6.** *te / nos;* **7.** *lo;* **8.** *la / lo;* **9.** *me / te;* **10.** *Las / las;* **11.** *lo / lo.*

B **1.** *Juan la ha perdido;* **2.** *Hoy no lo he visto;* **3.** *¿Dónde los has puesto?;* **4.** *Voy a alquilarlo en el centro;* **5.** *Tíralas a la basura, están caducadas;* **6.** *Está contándola;* **7.** *Carlitos, póntelo, que hace mucho frío.*

Unidad 22

Situaciones:

1. *Me la ha quitado Lolita;* **2.** *No, yo no. Se la ha quitado Juanito.*

A **1.** *b;* **2.** *d;* **3.** *a;* **4.** *e;* **5.** *c;* **6.** *g;* **7.** *h;* **8.** *f.*

B **1.** *Se la dio;* **2.** *Se los dio;* **3.** *Mañana se las traeré;* **4.** *La vecina se lo contó;* **5.** *Su novio se los regaló;* **6.** *Regálaselos a María;* **7.** *Mi hermano se lo compró;* **8.** *Cómpraselo;* **9.** *Carlos se la compró;* **10.** *Luis se las trajo;* **11.** *El alumno se lo entregó;* **12.** *El profesor se las dio.*

C **1.** *Le / se lo;* **2.** *Les / se la;* **3.** *Le / se lo;* **4.** *Me / cógela;* **5.** *os;* **6.** *Le / decírselo / se lo;* **7.** *Le / se lo;* **8.** *Me la;* **9.** *Te / Los;* **10.** *pídeselo;* **11.** *Me lo;* **12.** *le / se lo;* **13.** *te los / me;* **14.** *me / te la;* **15.** *Hazme / acompáñame / pídeme / te.*

D **1.** *–Mamá, ¿me das dinero para el cine? –¡Pero si ya te lo he dado esta mañana!*
2. *–¿Sabes que a tu vecina le ha tocado la lotería? –Sí, se lo contó a Jaime, y él me lo dijo a mí.*

Unidad 23

Situaciones:

1. *Ojalá llegue pronto el tren;* **2.** *Ojalá venga pronto María;* **3.** *Ojalá me toque la lotería.*

a. *Que tengas un buen día;* **b.** *Pues que tengas suerte;* **c.** *Adiós, Carlos, que te mejores.*

A **1.** *viva / vivamos / vivan;* **2.** *vaya / vayamos / vayan;* **3.** *venga / vengamos / vengan;* **4.** *vuelva / volvamos / vuelvan;* **5.** *repita / repitamos / repitan;* **6.** *ponga / pongamos / pongan;* **7.** *duerma / durmamos / duerman;* **8.** *hable / hablemos / hablen;* **9.** *siga / sigamos / sigan;* **10.** *quiera / queramos / quieran;* **11.** *tenga / tengamos / tengan;* **12.** *piense / pensemos / piensen;* **13.** *diga / digamos / digan.*

B

E	G	F	Ó	U	T	P	A	R	E	Z	C	A	P	O
M	T	W	A	S	C	O	M	P	R	E	O	Ñ	A	E
P	E	O	T	I	Á	I	P	E	L	S	J	L	V	R
I	N	H	P	O	N	G	A	S	I	T	A	O	L	T
E	G	S	I	M	U	A	V	Í	O	É	N	K	E	Á
C	A	I	D	W	E	M	R	E	B	S	A	E	U	Y
E	M	Á	A	U	S	O	S	B	D	S	V	I	V	A
N	O	R	Á	Q	E	S	T	U	D	I	E	S	A	S
L	S	E	P	A	Á	D	A	S	D	J	N	T	R	E
F	G	U	T	R	I	E	W	Q	H	A	G	A	N	P
A	É	Q	S	W	S	R	T	U	L	V	A	Y	A	N
C	O	N	O	Z	C	A	F	E	B	G	F	I	U	J

C **1.** *b;* **2.** *a;* **3.** *d;* **4.** *e;* **5.** *f;* **6.** *c.*

D **1.** *apruebes / vayas;* **2.** *tenga;* **3.** *llegue;* **4.** *duerma;* **5.** *haga;* **6.** *esté;* **7.** *gusten.*

E **1.** *Ojalá haya entradas;* **2.** *Ojalá sea fácil;* **3.** *Ojalá termine pronto;* **4.** *Ojalá les guste la cena;* **5.** *Ojalá venga pronto.*

Unidad 24

Situaciones:
Imagen 1. *a);* **imagen. 2** *d);* **imagen 3.** *c);* **imagen 4.** *b).*

A **Cerrar:** *tú cierra / no cierres; Vd. cierre / no cierre; vosotros cerrad / no cerréis; Vds. cierren / no cierren;* **volver:** *tú vuelve / no vuelvas; Vd. vuelva / no vuelva; vosotros volved / no volváis; Vds. vuelvan / no vuelvan;* **jugar:** *tú juega / no juegues; Vd. juegue / no juegue; vosotros jugad / no ju-*

guéis; Vds. jueguen / no jueguen; **traer:** *tú trae / no traigas; Vd. traiga / no traiga; vosotros traed / no traigáis; Vds. traigan / no traigan.*

B 1. *¡Coge el teléfono! / Coja el teléfono;* 2. *Trae la cámara de fotos / Traiga la cámara de fotos;* 3. *Dame tu número de móvil / Deme su número de móvil;* 4. *Espérame en la puerta de la clase / Espéreme en la puerta de la clase;* 5. *Haz ejercicio y come más verdura / Haga ejercicio y coma más verdura;* 6. *Cierra el libro / Cierre el libro;* 7. *Pasa por allí / Pase por allí;* 8. *Ven a mi casa / Venga a mi casa;* 9. *Ve al médico / Vaya al médico;* 10. *Ten cuidado / Tenga cuidado;* 11. *Espera un momento / Espere un momento;* 12. *Trae el pan / Traiga el pan;* 13. *Pon la mesa / ponga la mesa.*

C 1. *pintes;* 2. *peleéis;* 3. *baja;* 4. *escribe;* 5. *escribas;* 6. *comas;* 7. *lee;* 8. *venid;* 9. *salid.*

D 1. *No enciendas la tele;* 2. *No empieces todavía;* 3. *No subas al autobús;* 4. *No salgas de casa;* 5. *No pongas la lavadora en marcha;* 6. *No digas la verdad;* 7. *No llames a Joaquín;* 8. *No hagas los ejercicios;* 9. *No vuelvas mañana;* 10. *No comas más chocolate;* 11. *No pagues las bebidas;* 12. *No pidas otra bebida;* 13. *No vengas antes de las diez;* 14. *No vayas a casa de Rodolfo;* 15. *No traigas más patatas.*

Unidad 25

Situaciones:
1. *te;* 2. *los;* 3. y 4. *Cómpratelos;* 5. *se;* 6. *lo.*

A 1. *Sí ábrela / No, no la abras;* 2. *Sí, enciéndelo / No, no lo enciendas;* 3. *Sí, ordénalo / No, no lo ordenes;* 4. *Sí, hazlo / No, no lo hagas;* 5. *Si, cuéntaselo / No, no se lo cuentes;* 6. *Sí, pregúntaselo / No, no se lo preguntes;* 7. *Sí, dáselo / No, no se lo des.*

B 1. *¡Siéntate!;* 2. *Dame / dámela;* 3. *¡Túmbate!;* 4. *Quédate / te;* 5. *cógelo;* 6. *levantaos;* 7. *Lávate / péinate;* 8. *Levántese;* 9. *se / lávese;* 10. *Siéntense.*

C 1. *lo;* 2. *pruébesela;* 3. *Ponte;* 4. *guárdamelo;* 5. *se la;* 6. *Traíganos;* 7. *llámame;* 8. *os.*

D 1. *Dale el libro a tu compañero;* 2. *No le compréis a la niña esos juguetes;* 3. *Díganle la verdad a la policía;* 4. *Llevadles los pasteles a los abuelos;* 5. *No les dejen salir a la hora;* 6. *Tráeme un baso de agua, por favor;* 7. *Siéntese en esa silla;* 8. *No os levantéis tarde;* 9. *No le des chocolate a Roberto;* 10. *No le preste más dinero a ese jugador;* 11. *Cómprale esa corbata a José Luis.*

E **1.** devuélveselo; **2.** se; **3.** lo; **4.** comprarte; **5.** cógelos; **6.** póntelo; **7.** guárdala.

F **1.** ponlo; **2.** te olvides; **3.** lo hagas; **4.** riégalas; **5.** tiéndelas; **6.** plánchalas; **7.** llámale.

Unidad 26

Situaciones:

1. a); **2.** f); **3.** e); **4.** d); **5.** c); **6.** b).

A **1.** pedirte; **2.** que me compres; **3.** tener; **4.** que te lleve; **5.** que yo lo elija; **6.** que vengas.

B **1.** Quiero que mis padres me compren un coche; **2.** Quiero sacarme el carnet de conducir; **3.** Quiero que mis amigos me llamen para salir; **4.** Quiero que mi equipo gane la liga; **5.** Quiero ganar más dinero; **6.** Quiero que mi novia me regale un móvil nuevo; **7.** Quiero ir de vacaciones a Mallorca.

Unidad 27

Situaciones:

1. b; **2.** a.

A **1.** la; **2.** la; **3.** ø; **4.** los; **5.** ø; **6.** el / los; **7.** ø / ø; **8.** ø / la; **9.** Las; **10.** los; **11.** ø; **12.** ø / la; **13.** al; **14.** Los / ø; **15.** un; **16.** el.

B **1.** una / un; **2.** Una / el; **3.** ø; **4.** la / del / ø; **5.** La / el / un / el; **6.** El / del / las / los.

Unidad 28

Situaciones 1:

1. El / poco; **2.** el / favorito; **3.** la; **4.** las / rojas; **5.** esa / rota; **6.** Ese.

Situaciones 2:

1. El taxista; **2.** La taxista; **3.** El cantante; **4.** La cantante.

Situaciones 3:

1. El bolso de María es precioso; **2.** Estas bolsas son muy pesadas; **3.** Este ramo de flores es para ti; **4.** Se ha roto esta rama del árbol.

Situaciones 4:

1. d; **2.** c; **3.** b; **4.** a.

A 1. *esta / enfermo;* **2.** *un / bolso / negro / precioso;* **3.** *una / bolsa / la;* **4.** *el / cansada;* **5.** *un / la / una;* **6.** *una / el / los;* **7.** *la / un;* **8.** *El / esa / todas / las / muchos.*

B 1. *El pasado;* **2.** *un conductor;* **3.** *una discoteca;* **4.** *varias;* **5.** *alcohólicas;* **6.** *las dos;* **7.** *a la prensa;* **8.** *el ingreso.*

C **Palabras de género masculino:** *río, calor, plátano, problema, tema, valor, dedo, idioma, rey, dolor.*
Palabras femeninas: *manzana, playa, mano, canción, habitación, moto, profesión, rana.*
Palabras masculinas o femeninas: *artista, participante, estudiante, periodista, juez, mártir, turista, atleta, masajista, radio.*

D 1. *d);* **2.** *f);* **3.** *a);* **4.** *g);* **5.** *c);* **6.** *h);* **7.** *b);* **8.** *e).*

Unidad 29

Situaciones:
1. *b);* **2.** *c);* **3.** *d);* **4.** *a).*

A 1. *c);* **2.** *a);* **3.** *f);* **4.** *g);* **5.** *d);* **6.** *e);* **7.** *b).*

B 1. *vendrá;* **2.** *conocerás / trabajemos;* **3.** *estropeó;* **4.** *tengáis;* **5.** *toque;* **6.** *van;* **7.** *llegó;* **8.** *vivíamos;* **9.** *vas / vengas;* **10.** *termines;* **11.** *conduzco;* **12.** *vuelva;* **13.** *estuve;* **14.** *vuelvas.*

C 1. *cuando;* **2.** *Si;* **3.** *Si;* **4.** *cuando;* **5.** *Cuando;* **6.** *Si;* **7.** *Si;* **8.** *cuando;* **9.** *Si;* **10.** *Si;* **11.** *Cuando;* **12.** *Si.*

D 1. *Cuando tenga tiempo;* **2.** *Cuando vuelva a Valencia;* **3.** *Cuando acabe los exámenes;* **4.** *Cuando cobre este cheque;* **5.** *Cuando deje de trabajar;* **6.** *Cuando me case con mi pareja;* **7.** *Cuando cumpla 30 años;* **8.** *Cuando encuentre un puesto mejor;* **9.** *Cuando ahorre más dinero.*

E 1. *Cuando puedas, pásate por casa de Elena;* **2.** *Correcta;* **3.** *Llámame cuando necesites algo;* **4.** *Podrás volver a trabajar cuando te lo diga el médico;* **5.** *Correcta;* **6.** *Cuando veas a Marina, dale recuerdos de mi parte;* **7.** *Cuando llamo a Luisa no la encuentro;* **8.** *¿Cuándo vas a hacer los deberes?*

F 1. *apruebe;* **2.** *pediré;* **3.** *ascienda;* **4.** *compraré;* **5.** *volveré;* **6.** *termine;* **7.** *daré;* **8.** *vuelva;* **9.** *cuente;* **10.** *llegue;* **11.** *pondré.*

Unidad 30

Situaciones:

1. *a);* **2.** *d);* **3.** *c);* **4.** *b).*

A 1. *f);* **2.** *a);* **3.** *e);* **4.** *c);* **5.** *b);* **6.** *d);* **7.** *g).*

B 1. *has abierto / salga;* **2.** *escondes / vea;* **3.** *vas / ingresar;* **4.** *haces / estar;* **5.** *suene;* **6.** *comprar;* **7.** *ir;* **8.** *perdone;* **9.** *sepa;* **10.** *escribes / enviarle;* **11.** *hacer.*

C **¿Para qué sirve una bufanda?** 1. *Para hacer un turbante;* **2.** *Para abrigarse el cuello;* **3.** *Para tapar los ojos;* **4.** *Para comer en el campo.* **¿Para qué sirve un sombrero?** 1. *Para que el gato tome la leche;* **2.** *Para poner unas flores;* **3.** *Para que los pájaros hagan un nido;* **4.** *Para que el mago saque las palomas.*

D 1. *parecer más joven;* **2.** *para hacer ejercicio;* **3.** *para navegar por internet;* **4.** *para irse al campo;* **5.** *para felicitarme por mi trabajo;* **6.** *para comprarme un regalo;* **7.** *para adelgazar;* **8.** *para arreglar la avería;* **9.** *para no pasar calor;* **10.** *para que aprenda a comportarse.*

E 1. *pedirte;* **2.** *vas;* **3.** *hacer;* **4.** *recoger;* **5.** *lleve;* **6.** *quieres;* **7.** *veas.*

Unidad 31

Situaciones:

1. *He ido a la juguetería y he comprado los regalos para los niños.*

2. *¡Pero si te dije el otro día que había ido a la juguetería y había comprado los regalos!*

A 1. *le;* **2.** *gana;* **3.** *trabaja;* **4.** *tiene;* **5.** *le.*

B 1. *Mamá dice que mañana irá al mercado si tiene tiempo;* **2.** *Alberto dice que acompañará al partido si le ayudo a terminar los deberes;* **3.** *María me ha dicho que quedemos a las siete en la puerta;* **4.** *El Sr. Martínez dijo que no había ido / fue ayer a trabajar porque se encontraba muy mal, le dolía la cabeza y tenía fiebre;* **5.** *Carlos me contó el año pasado que este año iba a estudiar inglés y a sacarse el carné de conducir;* **6.** *Mi hermana dijo que le encantaba esa casa, que* *era lo que siempre había soñado;* **7.** *Mi compañera me dijo que no me había dado / dio su teléfono porque estaba estropeado;* **8.** *Una vecina me contó que sabían que tenían problemas económicos;* **9.** *La abuela me había contado que cuando era pequeña vivía en un pueblo muy pequeño, que en su casa no tenían agua, que tenían que ir a la fuente todos los días y que fue allí donde conoció a mi abuelo;* **10.** *El vigilante dijo que había apagado / pagó todas las luces y cerró las puertas con llave antes de irse.*

C **1.** *se casó / había casado;* **2.** *terminaron / habían terminado;* **3.** *hizo / habían hecho;* **4.** *tenían dos hijos estupendos;* **5.** *se / matriculó / había matriculado;* **6.** *se fue / había ido a China;* **7.** *que estuvo / había estado viviendo allí;* **8.** *trabajaba;* **9.** *estaba;* **10.** *había tenido / tuvo;* **11.** *se divorció / había divorciado;* **12.** *estaba casada con su;* **13.** *ahora se dedicaba;* **14.** *vivía en Bruselas.*

Unidad 32

Situaciones:
Imagen 1: *3;* **imagen 2:** *1;* **imagen 3:** *2;* **imagen 4:** *4.*

A **1.** *c);* **2.** *b);* **3.** *a);* **4.** *e);* **5.** *g);* **6.** *d);* **7.** *f).*

B **1.** *Para;* **2.** *por;* **3.** *por;* **4.** *para;* **5.** *Para;* **6.** *para;* **7.** *por;* **8.** *por;* **9.** *por;* **10.** *por;* **11.** *para;* **12.** *por;* **13.** *por;* **14.** *por;* **15.** *por;* **16.** *para;* **17.** *para;* **18.** *Para;* **19.** *Para;* **20.** *para;* **21.** *para.*

Unidad 33

Situaciones:
*li**món**; **li**bro; **ár**boles; pe**rió**dico; pia**nis**ta; so**fá**.*

A **Esdrújulas:** *tónico; árabe; lápices; práctica; rápido; sábado; pájaro; sábana; plátano; sílaba.*
Llanas: *española; camisa; examen; árbol; lápiz; crisis; azules; fútbol; camarero; fácil.*
Agudas: *español; escuchar; avión; pintor; bebí; cantó; azul; marrón; unidad; escritor.*

B **1.** *corazón (aguda);* **2.** *volumen (llana);* **3.** *estómago (esdrújula);* **4.** *ciudad (aguda);* **5.** *matemáticas (esdrújula);* **6.** *profesión (aguda);* **7.** *rápido (esdrújula);* **8.** *murió (aguda);* **9.** *dormir (aguda);* **10.** *económico (esdrújula);* **11.** *también (aguda);* **12.** *inglés (aguda);* **13.** *tenis (llana);* **14.** *cabeza (llana);* **15.** *jamón (aguda);* **16.** *joven (llana);* **17.** *miércoles (esdrújula);* **18.** *venir (aguda).*

C 1. *Andrés escribió una redacción sobre la contaminación;* **2.** *El miércoles bebí mucho café;* **3.** *Rubén cantó una canción en la fiesta de María;* **4.** *A Miguel le gustó mucho la película y a mí también;* **5.** *Rosalía está mal porque comió y bebió mucho en la boda de Ángel;* **6.** *El médico le dijo a Joaquín que tenía que dejar el fútbol;* **7.** *Ángela estuvo en Perú el año que nació Óscar;* **8.** *Es más ecológico utilizar el transporte público que ir en coche;* **9.** *Cristóbal compró el sofá marrón porque era el más económico.*

Unidad 34

A **Esdrújulas:** *física; matemáticas; psicólogo; sábado; México; facilísimo;* **Llanas:** *patatas; ángel, chaqueta; azúcar; compañera; carne; fácil;* **Agudas:** *tradición; salir; encontró; salió; carné; Perú; llamaré; japonés.*

B 1. *practico;* **2.** *aprobó / práctico;* **3.** *cantó;* **4.** *carné;* **5.** *te llamó / el;* **6.** *sé / si / té / tu;* **7.** *mí / carne;* **8.** *Él / el / tu;* **9.** *trabajó / conoció;* **10.** *trabaje;* **11.** *esta / vivió;* **12.** *Mi / habló;* **13.** *te / gustó / tu;* **14.** *bebo / té;* **15.** *Si / estudio / apruebo.*

C 1. *¿Dónde vivirás el año próximo?;* **2.** *¿Quién ha dicho que volvió a las diez?;* **3.** *¿Cuánto te costó el melón?;* **4.** *¿Por qué no vino Juan a mi boda?;* **5.** *Cuando canté en Canarias me pagaron bien;* **6.** *Esta silla está rota;* **7.** *¿Adónde fueron los actores después de la actuación?;* **8.** *¿Quién dijo esta tontería?;* **9.** *Busqué a mi gato por todas partes pero no lo encontré;* **10.** *Iván tenía amigos árabes, alemanes y japoneses;* **11.** *Esta cámara es práctica, ecológica y económica;* **12.** *Este autobús no es tan cómodo como aquél;* **13.** *El sábado te llamaré por teléfono.*

Unidad 35

A 1. *nos;* **2.** *ø;* **3.** *me;* **4.** *le;* **5.** *me;* **6.** *te / Me / tomarme;* **7.** *se;* **8.** *se;* **9.** *Le;* **10.** *te / nos;* **11.** *te / me;* **12.** *me;* **13.** *os;* **14.** *se;* **15.** *les.*

B 1. *Viste / estaba / me acosté;* **2.** *iba;* **3.** *aprendió / estudiaba;* **4.** *éramos / vivimos / aprendimos;* **5.** *alquiló / tenía / estaba;* **6.** *se conocieron / trabajaba / era;* **7.** *empezó / tenía / dio;* **8.** *murió / tenía;* **9.** *salí / estaba;* **10.** *estaban / nos compramos;* **11.** *perdió / estaban;* **12.** *llegaba / dijo / iba;* **13.** *estuvo / quería;* **14.** *estabas / ocurrió / estaba.*

C 1. *estaba hablando / vino;* **2.** *estuvieron trabajando;* **3.** *estaba durmiendo / llegó;* **4.** *Hemos estado;* **5.** *llamé / Estuve;* **6.** *he estado;* **7.** *hiciste / llamamos / estuve;* **8.** *hemos estado;* **9.** *hemos estado trabajando;* **10.** *estábamos trabajando / dijo / teníamos.*

D **Teresa Viejo:** 1. *empezó,* 2. *dejó,* 3. *empezó,* 4. *fue,* 5. *dirigió,* 6. *trabajó,* 7. *contrataron,* 8. *estuvo,* 9. *participó,* 10. *colaboraba,* 11. *dirige,* 12. *analizan;* **Jesús Vázquez:** 1. *Nació,* 2. *se trasladó,* 3. *tenía,* 4. *tenía,* 5. *empezó,* 6. *dejó,* 7. *trabajó,* 8. *vivió,* 9. *entró,* 10. *hizo,* 11. *participó,* 12. *grabó,* 13. *vendió,* 14. *presenta.*

E 1. *compraba;* 2. *rompieron;* 3. *cogieron;* 4. *había;* 5. *estaba;* 6. *vio;* 7. *empezó;* 8. *salieron;* 9. *siguieron;* 10. *pudieron;* 11. *metieron;* 12. *huyeron;* 13. *pasaba;* 14. *había visto;* 15. *cogió;* 16. *puso;* 17. *rodearon;* 18. *quedaron;* 19. *llegó;* 20. *había avisado.*

F 1. *encuentras;* 2. *iré;* 3. *lleva;* 4. *compra;* 5. *ves;* 6. *llamaré;* 7. *llámame;* 8. *tienes;* 9. *se pondrá;* 10. *puedo.*

G 1. *es / estaba;* 2. *está;* 3. *Estoy;* 4. *estás;* 5. *está;* 6. *es / está.*

H 1. *Cuando;* 2. *Cuando;* 3. *Si;* 4. *Si;* 5. *Cuando;* 6. *Si;* 7. *Cuando;* 8. *Si;* 9. *Si;* 10. *Cuando;* 11. *Cuando.*

I 1. *Emilia les contó la verdad;* 2. *Carlos le trajo el desayuno;* 3. *Las escondieron en la maceta;* 4. *El cartero lo trajo por la mañana;* 5. *Las llevaron al colegio;* 6. *¿Lo has leído ya?;* 7. *Le preguntó la respuesta;* 8. *Las puso en la puerta.*

J 1. *dáselo;* 2. *La / sela;* 3. *os;* 4. *se lo / te.*

K 1. *has comprado / llevarlos / has llamado / vengan;* 2. *sea / vayamos;* 3. *traigan / suban;* 4. *tengas;* 5. *comprar.*

L 1. *era de Barcelona y había trabajado en el estudio de Calatrava;* 2. *no podrá ir al concierto porque vuelven sus padres de vacaciones y les había prometido ir a buscarles;* 3. *ayer fueron a casa de Belén porque estaba enferma;* 4. *hace un año vivía en una ciudad muy pequeña a orillas del mar y que ahora está en Madrid y dice que la vida le ha cambiado mucho en poco tiempo.*

LL 1. *a;* 2. *al;* 3. *con;* 4. *desde;* 5. *en;* 6. *para;* 7. *Para / Para;* 8. *por;* 9. *por / por;* 10. *en / hasta.*

M 1. *de;* 2. *en;* 3. *en;* 4. *del;* 5. *desde;* 6. *hasta;* 7. *Entre;* 8. *desde;* 9. *de;* 10. *a;* 11. *a;* 12. *de;* 13. *en.*

Vocabulario

Unidad 1

A **¿Qué lleva Jorge en su mochila?** **1.** *libros;* **2.** *bolígrafos;* **3.** *un lápiz;* **4.** *una calculadora;* **5.** *una carpeta;* **¿Qué lleva Elena en su bolso?** **1.** *las gafas de sol;* **2.** *la agenda;* **3.** *el móvil;* **4.** *un paquete de klenex;* **5.** *la cartera;* **6.** *carné de identidad;* **7.** *fotos de su hija;* **8.** *tarjetas de crédito;* **9.** *carné de identidad.*

B **1.** *teléfono móvil;* **2.** *un lápiz;* **3.** *una calculadora;* **4.** *una cartera;* **5.** *una tarjeta de crédito;* **6.** *unas gafas.*

Unidad 2

A **1.** *plato;* **2.** *jarra;* **3.** *taza;* **4.** *cuchara;* **5.** *tenedor;* **6.** *cuchillo;* **7.** *vaso;* **8.** *cubo de basura.*

B **1.** *cuchara / tenedor / cuchillo;* **2.** *tazas / jarra.*

C **1.** *c);* **2.** *g);* **3.** *d);* **4.** *f);* **5.** *b);* **6.** *e);* **7.** *a).*

D **1.** *espejo;* **2.** *toalla;* **3.** *jabón;* **4.** *cepillo del pelo;* **5.** *cepillo de dientes;* **6.** *pasta de dientes;* **7.** *perfume;* **8.** *gel;* **9.** *champú.*

E **1.** *jarra;* **2.** *cepillo;* **3.** *espejo;* **4.** *plancha;* **5.** *tenedor.*

Unidad 3

A **1.** *fregar los platos;* **2.** *limpiar el polvo;* **3.** *pasar la aspiradora;* **4.** *planchar la ropa;* **5.** *tender la ropa.*

B *Hacer la cama / la compra / la comida; Poner la mesa; Fregar los platos / el suelo; Lavar la ropa / el coche.*

C **1.** *lavar;* **2.** *fregar,* **3.** *pasar,* **4.** *limpiar,* **5.** *lavar,* **6.** *hacer.*

Unidad 4

A 1. *autobús;* **2.** *tren;* **3.** *metro;* **4.** *avión;* **5.** *coche.*

B 1. *c);* **2.** *a);* **3.** *d);* **4.** *b).*

C 1. *tráfico, aparcamiento, multa, metro;* **2.** *estación, billete;* **3.** *atascos;* **4.** *semáforo;* **5.** *cinturón de seguridad, conductor.*

D 1. *aparcamiento;* **2.** *semáforos;* **3.** *billete;* **4.** *tren;* **5.** *entrar.*

Unidad 5

A 1. *b);* **2.** *g);* **3.** *a);* **4.** *i);* **5.** *d);* **6.** *l);* **7.** *c);* **8.** *f);* **9.** *j);* **10.** *e);* **11.** *h);* **12.** *k).*

B 1. *rápido;* **2.** *lento;* **3.** *limpia;* **4.** *sucia;* **5.** *cómodo;* **6.** *incómodo;* **7.** *frías;* **8.** *calientes;* **9.** *cortos;* **10.** *largos;* **11.** *alta;* **12.** *baja;* **13.** *ancha;* **14.** *estrecha;* **15.** *seco;* **16.** *mojado;* **17.** *fácil;* **18.** *difícil;* **19.** *viejos;* **20.** *nuevos;* **21.** *gordo;* **22.** *delgado;* **23.** *ruidosa;* **24.** *tranquila.*

Unidad 6

A 1. *c);* **2.** *e);* **3.** *a);* **4.** *d);* **5.** *b).*

B 1. *nerviosa;* **2.** *contento;* **3.** *preocupada;* **4.** *triste;* **5.** *enfadada.*

C **Sentido positivo:** *simpático-a, divertido-a, generoso-a, extrovertido-a, amable;* **Sentido negativo:** *antipático-a, tímido-a, aburrido-a; grosero-a, tacaño-a.*

D **a.** *amable, divertida, extrovertida, generosa, simpática, contenta;* **b.** *tacaña, grosera, enfadada.*

Unidad 7

A **Imagen 1.** *a);* **2.** *c);* **3.** *d);* **4.** *b).*

B 1. *b);* **2.** *f);* **3.** *a);* **4.** *e);* **5.** *c);* **6.** *d).*

C 1. *resfriado / termómetro / fiebre / recetó;* **2.** *dentista / infección / antibióticos;* **3.** *pastillas / alergia.*

Unidad 8

A 1. *arquitecto;* **2.** *albañiles;* **3.** *fontaneros;* **4.** *electricistas;* **5.** *pintores.*

B 1. *fontanero;* **2.** *albañil;* **3.** *arquitecto;* **4.** *electricista;* **5.** *pintor.*

C 1. *f);* **2.** *b);* **3.** *c);* **4.** *a);* **5.** *d);* **6.** *e);* **7.** *k);* **8.** *i);* **9.** *j);* **10.** *g);* **11.** *h).*

D *el director / la directora; el actor / la actriz; el bailarín / la bailarina; el cantante / la cantante; el pianista / la pianista; el modelo / la modelo; el fotógrafo / la fotógrafa; el cámara / la cámara.*

Unidad 9

A *café con leche; té con limón; agua mineral, vino tinto; queso; arroz; pan; zumo de naranja; pescado; sopa; tarta; filete de ternera; mariscos; pasta; jamón serrano; frutas; galletas de chocolate; ensalada.*

B **En el desayuno y merienda:** *café con leche, zumo de naranja, frutas, galletas de chocolate, té con limón, tarta;* **En la comida y cena:** *pan, queso, pescado, sopa, mariscos, pasta, arroz, ensalada, agua mineral.*

C 1. *e);* **2.** *c);* **3.** *f);* **4.** *d);* **5.** *a);* **6.** *b).*

D **a.** *1.;* **b.** *2;* **c.** *4;* **d.** *3;* **e.** *5.*

E 1. *asar;* **2.** *calentar / descongelar;* **3.** *freír;* **4.** *hervir / cocer;* **5.** *pelar / cortar.*

F 1. *filete / ensalada / cocidos;* **2.** *tarta;* **3.** *asado / fritas;* **4.** *pelar / horno.*

G 1. *amargo;* **2.** *sosa;* **3.** *maduros;* **4.** *hambre;* **5.** *ajos;* **6.** *harina;* **7.** *sed;* **8.** *picante;* **9.** *dulce.*

Unidad 10

A 1. *tocar el violín;* **2.** *escuchar la radio;* **3.** *navegar por internet.*
   1. *jugar al ajedrez;* **2.** *montar en bicicleta;* **3.** *jugar al baloncesto;* **4.** *ir al teatro.*

B **a.** *1.º;* **b.** *3.º;* **c.** *7.º;* **d.** *2.º;* **e.** *4.º;* **f.** *6.º;* **g.** *5.º.*

C **Puedo hacer:** *ir a museos, ir de compras, ir a un concierto, ver un partido de fútbol, pasear, bañarte en la piscina, salir por la noche, hacer fotos;*
No puedo hacer: *esquiar, bañarte en la playa, hacer submarinismo.*

Unidad 11

A **"V":** *sardinas, cordero, jamón, verduras, magdalenas, aceitunas;* **"X":** *todo lo demás.*

B **1.** *a)*; **2.** *f)*; **3.** *g)*; **4.** *c)*; **5.** *b)*; **6.** *h)*; **7.** *d)*; **8.** *e)*.

C **1.** *pescadería;* **2.** *panadería;* **3.** *quiosco;* **4.** *droguería;* **5.** *zapatería;* **6.** *joyería;* **7.** *librería.*

D **Horizontal:** *1. iglesia, 2. ayuntamiento, 3. museo, 4. banco;*
Vertical: *1. peluquería; 2. comisaría, 3. hospital.*

Unidad 12

A **a.** *paquete;* **b.** *lata;* **c.** *kilo;* **d.** *frasco;* **e.** *botella;* **f.** *tubo;* **g.** *docena;* **h.** *tretabrik;* **i.** *caja;* **j.** *ramo;* **k.** *bolsa;* **l.** *pastilla;* **ll.** *barra.*

B **1.** *latas;* **2.** *docena;* **3.** *kilos;* **4.** *paquete;* **5.** *bolsa;* **6.** *botella;* **7.** *frasco;* **8.** *barras.*

Unidad 13

A **Ciudades:** *Barcelona, Madrid;*
Países: *España, Italia, Grecia, Marruecos, Argelia, Túnez, Francia;*
Continentes: *Europa, África;*
Islas: *Baleares, Canarias;*
Ríos: *Tajo, Guadalquivir;*
Mares: *Mediterráneo, Cantábrico;*
Montañas: *Pirineos, Picos de Europa, Sierra Nevada.*

B **a.** *5;* **b.** *3;* **c.** *1;* **d.** *2;* **e.** *4.*

C **1.** *costa;* **2.** *habitantes;* **3.** *capital;* **4.** *desierto;* **5.** *océano;* **6.** *río;* **7.** *montaña;* **8.** *ciudades.*

Unidad 14

A 1. *seguro;* **2.** *incómodo;* **3.** *cómodo;* **4.** *inseguro;* **5.** *conectar;* **6.** *destapar;* **7.** *tapar;* **8.** *desconectar.*

B 1. *imposible;* **2.** *irreal;* **3.** *inútil;* **4.** *ilegal;* **5.** *improbable;* **6.** *innecesario;* **7.** *ilógico;* **8.** *irregular;* **9.** *inmoral;* **10.** *irresponsable;* **11.** *incompleto.*

1. *desconectar;* **2.** *desaparecer;* **3.** *desordenar;* **4.** *deshacer;* **5.** *desagradar;* **6.** *desanimar;* **7.** *descansar;* **8.** *descongelar;* **9.** *desacelerar;* **10.** *desabrochar;* **11.** *descolgar.*

C 1. *ilegal;* **2.** *irresponsable;* **3.** *desordenado;* **4.** *ordenar;* **5.** *incompleto;* **6.** *descansar;* **7.** *descongelamos;* **8.** *irregular;* **9.** *desaparecido.*

D *Esta calle es muy ruidosa. / Hoy es un día muy caluroso. / Ese fue un día histórico. / Esta familia tiene problemas económicos.*

E 1. *caluroso;* **2.** *poderoso;* **3.** *ruidoso;* **4.** *miedoso;* **5.** *dolorosa;* **6.** *histórico;* **7.** *filosófico;* **8.** *económico;* **9.** *psicológicos;* **10.** *alérgica.*

Unidad 15

A 1. *mochila;* **2.** *libros;* **3.** *bolígrafo;* **4.** *calculadora;* **5.** *gafas;* **6.** *móvil.*

B **Recipiente para beber:** *jarra, vaso, taza, copa;* **Cubiertos:** *cuchara, cuchillo, tenedor;* **Electrodomésticos:** *plancha, horno, cafetera, nevera;* **Aseo personal:** *champú, perfume, jabón, cepillo de dientes.*

C 1. *voy;* **2.** *hacer;* **3.** *fregar;* **4.** *pasar;* **5.** *hacer;* **6.** *planchar;* **7.** *hacer.*

D 1. *avión;* **2.** *billete;* **3.** *estación;* **4.** *aparcar / multa;* **5.** *atasco / coche / metro / taxi.*

E 1. *lento;* **2.** *corto;* **3.** *delgado;* **4.** *tranquilo;* **5.** *cómodo;* **6.** *caliente;* **7.** *antipático;* **8.** *tacaño;* **9.** *difícil;* **10.** *sucio;* **11.** *grosero;* **12.** *aburrido.*

F **Enfermedades:** *resfriado, alergia, infección;*
Medicinas: *jarabe, pastillas, antibióticos;*
Lo hace el médico: *recetar medicamentos; poner el termómetro, hacer un análisis de sangre.*

G 1. *d)*; 2. *f)*; 3. *a)*; 4. *c)*; 5. *b)*; 6. *h)*; 7. *e)*.

H 1. *cámara*; 2. *electricista*; 3. *actor*; 4. *director*; 5. *arquitecto*; 6. *pintor*.

I 1. *Está tomando el sol*; 2. *Está esquiando*; 3. *Están nadando*; 4. *Están jugando al ajedrez*; 5. *Están paseando*; 6. *Están entrenando*.

J 1. *d)*; 2. *b)*; 3. *a)*; 4. *c)*; 5. *f)*; 6. *e)*.

K 1. *d)*; 2. *c)*; 3. *f)*; 4. *a)*; 5. *b)*; 6. *e)*.

L *Sahara: desierto; Japón: isla; Mediterráneo: mar; Europa: continente; Pacífico: océano; Buenos Aires: capital; Chile: país; Everest: montaña.*

M 1. *imposible*; 2. *inútil*; 3. *ilegal*; 4. *irresponsable*; 5. *incompleto*; 6. *desordenado*; 7. *descolgar*; 8. *descansar*; 9. *deshacer*; 10. *desenchufar*.

N 1. *Caluroso*; 2. *poderoso*; 3. *ruidoso*; 4. *miedoso*; 5. *Económico*; 6. *psicológico*.